EQUIPO Tekendo

¡PODEMOS HACERLO!

EQUIPO Tekendo

¡PODEMOS HACERLO!

mr

Edición y fijación del texto: José Manuel Lechado, 2019

Ediciones Martínez Roca, sello editorial de Editorial Planeta, S. A.
Avda. Diagonal, 662-664, 08034 Barcelona
www.mrediciones.es
www.planetadelibros.com

Diseño de cubierta: Planeta Arte & Diseño, 2019
Diseño de interiores: María Pitironte

Primera edición: febrero de 2019
Segunda edición: abril de 2019
ISBN: 978-84-270-4533-0

Depósito legal: B. 665-2019
Preimpresión: Safekat, S. L.
Impresión: Liberduplex

GRACIAS A TODOS LOS MIEMBROS DEL #EQUIPOTEKENDO POR ACOMPAÑARME EN MIS AVENTURAS.

Y GRACIAS A MI FAMILIA, ESPECIALMENTE A MIS PADRES, POR HABER CREÍDO SIEMPRE EN MÍ.

ÍNDICE

CAPÍTULO 1

AVENTURA EN LA PISCINA... DE ORBEEZ

—¡Pero no mojes la cámara! —grita Tekendo, sin poder contener la risa.

—¡Corta, no seas quejica! —le responde Inés, su hermana.

Tekendo es puro nervio. Va de acá para allá por el jardín grabando cada detalle del experimento que está a punto de llevar a cabo su equipo: el Equipo... Tekendo, claro... Es un buen nombre, ¿no? Los cuatro llevan toda la mañana preparando un vídeo que lo va a petar en YouTube: el día anterior echaron dentro de su piscina hinchable un millón de Orbeez. Y los Orbeez absorben el agua como si fueran esponjas diminutas. Si juntas un millón..., ¡es un pedazo de esponja! Así que anoche, antes de irse a dormir, taparon

la piscina con una gran sábana y dejaron los Orbeez absorbiendo agua lentamente... Ninguno sabe qué ha podido pasar. ¿Habrán chupado toda el agua o se van a encontrar con una sopa babosa?

—Bueno, chicos, voy a tirar de la manta, digo, de la sábana... —dice Tekendo—. Echadme una mano.

David y Jorge, sus primos de seis y diez años respectivamente, enganchan la sábana por el otro lado mientras Inés, cámara en mano, graba este momento histérico, digo histórico.

—¡A la de tres! ¡Una, dos y...!

David, que es como un diablillo hiperactivo, tira antes de tiempo. La sábana se levanta un poco, entonces su hermano Jorge le imita y Tekendo, para no cortar el rollo, tira también de su lado. ¡Tacháaaaan!

—¡MOOOOOOLA!

—¡Oh my God!

—¿Uaaaa?

—¿Os lo esperabais así?

En la piscina no queda ni gota de agua, y eso que el día anterior Tekendo la llenó con más de quinientos litros. Los Orbeez han absorbido todo el líquido y no se ve más que un montón de bolitas gelatinosas de colores.

—¡Venga! ¿Quién se mete primero? —pregunta Inés.

Quién va a ser: David, el más rápido del equipo, que se lanza sobre la masa de bolas sin pensárselo dos veces.

—¡Pero ten cuidado! —le advierte Tekendo.

Demasiado tarde. David salta desde la hierba y aterriza en plancha sobre la masa de bolitas. Se oye un «plaf» y todo tiembla, como si fuera un gran plato de gelatina. Entonces, poco a poco, David se va hundiendo.

—¡Es como un masaje... pegajoso! —informa David, consciente de su importante papel en el experimento.

Jorge no necesita más invitación y se lanza también al pequeño mar de bolas. Los dos críos se lo pasan pipa revolcándose entre los Orbeez mientras sus primos mayores graban la jugada. Todo va de maravilla, el vídeo va a quedar alucinante. ¿Qué podría ir mal?

Pues estando cerca el Equipo Tekendo... cualquier cosa. Puede haber una invasión alienígena, un viaje sorpresa a Japón, un apocalipsis zombi. Pero bueno, hoy ocurre algo mucho más corriente: la madre de Tekendo, que les llama para comer.

—JOOOO —se quejaron a la vez David y Jorge—. Ahora que es cuando más mola.

—Sí, chicos —les contesta Tekendo—. ¡A comer se ha dicho! Luego seguimos.

—Joooo, Tekendo, si acabamos de empezar —dice David.

—También es verdad —responde Tekendo.

Entonces, sin previo aviso, va y se lanza también a la piscina seguido por Inés, que no quiere perderse la diversión. Es el caos. Los niños gritan y todo se vuelve como una especie de revoltijo de bolas de colores entre las que asoman los cuatro chicos, tratando de mantenerse a flote.

Es Tekendo el que empieza la «guerra» lanzando Orbeez en todas direcciones. Sin embargo, está en inferioridad numérica frente a Inés y David, que lo bombardean a diestro y siniestro. ¿Y Jorge?

En uno de esos meneos el mayor de los primos, el científico del equipo, ha salido volando fuera de la piscina. Tras aterrizar en la hierba, se levanta como si no hubiera pasado nada, se sacude algunos Orbeez que se le han quedado pegados y se acerca a un raro artefacto cubierto con una sábana vieja. En la piscina ya ha terminado la breve batalla.

—Sí que es como un masaje —dice Inés.

—O como moco de largartija —observa David.

—A mí me recuerda a las arenas movedizas —añade Tekendo—. Si te mueves, te hundes.

—¡Mirad aquí! —grita Jorge, con una sonrisa de triunfo, mientras aparta la sábana—. Contemplad mi último invento.

—¿Invento? —preguntan los tres a la vez.

Ponen todos cara de susto, porque los inventos de Jorge suelen traer problemas. Problemas gordos. Y este, en concreto, parece una especie de arma futurista.

—No me miréis así: es un simple proyector láser casero. Voy a iluminar los Orbeez con su luz y así cambiarán de color. ¡Será muy divertido!

—¿Seguro que no nos vas a derretir? —le pregunta su hermano.

—¡Incorrecto!

—Vale, puede estar bien —dice Tekendo, intentando ponerse de pie.

Al hacerlo, resbala, se hunde en los Orbeez y solo se le ven los **PIES**. Sus zapatillas han volado, pero aún conserva los calcetines, repletos de bolas pegadas.

—¡NIÑOS, A COMER!

—insiste la madre, desde casa.

—¡Venga, date prisa! —le dice Tekendo, regresando a la superficie.

—Voy, voy... Es que esto pesa.

Jorge pone una cara muy seria, apunta el láser hacia la piscina y aprieta el botón de encendido. ¿Saldrá bien el experimento? Es una pregunta difícil de responder, porque... Bueno, porque ya podemos adelantar que, desde luego, pasa algo. Pero no lo que se esperaban. Cuando el rayo láser pega en la piscina, en lugar de cambiar el color de los Orbeez lo que ocurre es... ¿Cómo explicarlo?

Primero se escucha un sonido extraño, como un viento procedente de un lugar muuuuy lejano. Pero no hay viento: sigue siendo un precioso día de verano.

Luego salen como unas chispitas del borde de la piscina. Tekendo teme que sea una especie de cortocircuito, pero es imposible. No hay electricidad en el láser. Jorge, asustado, trata de apagar su invento, pero no puede: lo rodea una especie de campo de fuerza.

Entonces todo sucede en cuestión de segundos. Las chispitas se convierten en un remolino de luces de colores y se ponen a girar a toda velocidad. El ruido como de viento se hace más intenso, pero, de pronto, se calla como si nunca hubiera existido. Y en ese instante allí, junto a la piscina, se forma algo parecido a una espiral luminosa que flota en el aire. Tiene el tamaño aproximado de una persona y gira sin parar. Resulta hipnótica al mirarla...

—**¿PERO QUÉ ES ESTO,** Jorge? —pregunta Tekendo.

—Pues...

—No tienes ni ideaaaa —grita David, sacando la cabeza de entre los Orbeez. Varios se le quedan en el pelo. Parece que lleva una gorra muy hortera.

—Es como en las pelis de ciencia ficción —dice Inés—. El típico portal interdimensional.

—¿Inter... qué? —pregunta David.

—Una puerta que se abre entre dimensiones o universos distintos —sigue hablando Inés, fascinada con el extraño espectáculo.

—¡Pero no lo toques! —le advierte Tekendo mientras trata de salir de la piscina.

Demasiado tarde. Inés acerca su mano a la espiral. Sus dedos la tocan y las ondas luminosas se estremecen un poco.

—Da como cosquillitas. No pasa nada —dice... y sigue avanzando.

En unos segundos ha metido la mano entera en la espiral. Jorge, desde el otro lado, alucina al ver lo que ocurre.

—Inés... ¿Seguro que no notas nada?

—No. ¿Por...?

—Es que... no veo tu mano. Como si no la tuvieras. Es bastante raro.

—Anda ya —responde—. Siento mi mano perfectamente. No sé qué es esto, pero no parece peligroooooosssss....

Sin que pueda terminar la palabra «peligroso», la espiral cambia de color, se pone a girar muy rápido y en menos de un segundo absorbe a Inés, que sale de la piscina acompañada por un buen montón de Orbeez húmedos en su viaje a... ¿A dónde?

Tekendo, por fin en pie fuera de la piscina, comprueba que Jorge dice la verdad: no hay nada en la parte de atrás de la espiral. De hecho, ni siquiera hay espiral. Sea un portal entre dimensiones o no, algo está claro: ¡tiene una sola cara!

—¡ES IMPOSIBLE! —grita Jorge.

—¡Inés! ¿Pero dónde se ha metido?

—Y yo qué sé —le contesta Jorge.

—Tendrás que saberlo, era tu invento.

—Esto no tiene que ver con mi invento...

—¡NIÑOOOOOSSSSS, LA COMIDAAAAAA! QUE SE VA A ENFRIAR.

—Chicos, no deberíais perder tiempo en discutir —dice entonces David.

—Tienes razón —observa Tekendo—. Mantengamos la calma. Todo esto es muy… Muy raro. ¿Qué hacemos?

—No hay muchas opciones, ¿no? —Pese a contar solo diez años, Jorge suele mostrar una gran capacidad para resumir las situaciones.

—Chicos…, hay que ir a buscar a Inés. Así funciona nuestro equipo.

—¡Bieeeeennnnnn, aventuraaa! —es la respuesta entusiasmada de David.

—Esto va a salir mal —dice, en voz baja, Jorge, más inclinado al estudio que a la acción.

—Que nooo. ¡Podemos hacerlo! ¿A la de tres? —pregunta Tekendo.

David, Jorge y Tekendo se miran entre ellos, luego vuelven la vista a la espiral y… En fin, la verdad es que ni siquiera cuentan hasta uno…

CAPÍTULO 2

UN MUNDO AL REVÉS

—¡¡¡Aaaaaaaahhhhhh!!! —gritan los tres a la vez.

Al otro lado de la espiral se extiende una especie de túnel que se los traga como una aspiradora, pero sin ruido. Una vez dentro les hace dar un montón de vueltas, los pone cabeza abajo y cabeza arriba y... Bueno, que los zarandea tanto que al final tienen la sensación de haberse convertido en un slime humano. Al menos así se sienten, de mareados que están, cuando por fin aterrizan en algo parecido a la tierra firme.

—Oh my God. Estoy destrozado.

—Podría ser peor —le responde Jorge, con voz débil.

—¿Peor? ¿Cómo?

—¡Pues teniéndote a ti sentado encima! ¡Como estoy yo ahora!

—Sorry... Es que estoy supermareado. ¿Y David?

David es el primero que se ha puesto de pie. Y también es el único del equipo al que le ha gustado el viaje. Pero ahora mismo no está pensando en eso, sino que mira con los ojos abiertos como platos y con las cejas muy levantadas el paisaje que les rodea.

—¡UAAAAAHHH! ¿Dónde estamos? —se pregunta.

Tekendo se levanta de encima del pobre Jorge y contempla el lugar. Es un sitio alucinante. Deberían estar en el jardín de casa, pero está claro que ese paisaje que les rodea no está cerca de casa. Es como una página de un cuento: árboles gigantes y muy verdes, praderas con hierba de color lila, el cielo azul eléctrico, arbustos con flores enormes, montañitas... Es todo precioso y hay mucha vida. Vida rara... Muy rara, por decirlo suavemente: pájaros peludos, ciempiés sonrientes con plumas, ardillas de color fucsia, escarabajos que parecen balones de fútbol...

—No hay duda —dice Tekendo—. Inés tenía razón: hemos pasado a otro mundo... Y ahora que lo digo... ¿Dónde está mi hermana? ¡Inés!

Tekendo mira a izquierda y derecha. El panorama es parecido en todas direcciones hasta que se da la vuelta completa y ve... Madre mía, lo que ve. Eso sí que no se lo esperaba.

—¡LOOOOOOL! ¿Estáis viendo lo mismo que yo o es que me he dado un golpe fuerte en la cabeza?

—Lo estamos viendo —contesta David, con los ojos tan abiertos que parece que se le van a salir de la cara.

—Correcto, yo también lo veo.

Frente a nuestros amigos, apoyada sobre enormes pilares de cristal, se levanta una extrañísima ciudad cubierta de cúpulas transparentes. Pero lo raro no es que se apoye sobre pilares o que tenga cúpulas. Eso lo hemos visto mil veces en pelis de ciencia ficción. Lo raro, lo alucinante, es que las cúpulas... ¡cuelgan hacia

abajo! ¡Y dentro de las cúpulas se ven calles, edificios..., y todo está también cabeza abajo!

—¿Pero qué clase de locura es esta? —pregunta Tekendo, sacándose el móvil del bolsillo.

—¿Lo vas a grabar? —le pregunta Jorge.

—Claro. Esto es viral, hay que grabarlo de alguna manera. Si no, nadie nos creería a la vuelta.

—Si es que volvemos —refunfuña Jorge.

—¡MALDITA SEA! Se ha quedado sin batería. Pero si estaba al cien por cien hace nada.

—El paso por el portal puede haber descargado la batería —aclara Jorge—. Los campos magnéticos magnetizantes, en su influjo influenciable, pueden...

—Vuestra conversación es muy guay. Pero hemos venido a buscar a Inés, ¿no? —interviene David.

—Es cierto. ¿Dónde se habrá metido? Entró en el portal medio minuto antes que nosotros —precisa Jorge—. No puede estar muy lejos.

Dan algunas voces llamándola, pero nadie responde. Tal vez esté desmayada o se haya alejado y no les oye.

—Creo que lo mejor será pedir ayuda en la ciudad —propone Tekendo—. Además, lo más seguro es que esté allí.

—¿Y por qué va a estar en la ciudad? —pregunta Jorge, inquieto—. Los paisanos pueden ser hostiles. Y lo lógico es que Inés hubiera regresado con nosotros.

—¿Y cómo? —pregunta David a su hermano.

—Pues entrando otra vez al portal. A ese portal —dice el pequeño científico señalando con el dedo hacia la espiral, que a este lado se ve de color verde.

—Imposible. Inés es curiosa por naturaleza. Seguro que ha ido a la ciudad. Y ya que estamos aquí, tenemos que aprovechar el viaje, hacer algo de turismo, grabar un vlog —zanja el asunto Tekendo—. Una cosa así no se ve todos los días.

—¡¡¡BIEN, AVENTURA!!! —exclama David.

Por suerte uno de los pilares sobre los que se apoya la ciudad no está demasiado lejos. Cuando los tres chicos llegan al pie de la estructura, ven que está hecha de un material duro y transparente, como si fuera diamante. ¡Pero no hay diamantes tan grandes! Tampoco hay señal de accesos ni de puertas.

—Tiene que haber alguna manera de entrar...

—Tal vez por aquí —dice David, metiéndose entre unos arbustos—. ¡¡¡Aaaaagghhh!!! ¡¡¡Socorro, ayudadme!!!

David se ha enganchado en una cosa asquerosilla que se parece mucho a una tela de araña. Aunque los hilos son de color verde y no blancos, como en la Tierra, y es mucho más grande que cualquier telaraña terrícola. Pero, sobre todo, hay otra diferencia, digamos... importantilla...

—Cuidado... Que por ahí viene el dueño de la tela —advierte Jorge.

—Más bien la dueña —aclara Tekendo.

La «DUEÑA» es una gallina de medio metro de alto (en el universo de las gallinas, una de talla XXXL) que va lanzada hacia David con cara de pocos amigos. Parece muy enfadada y Tekendo sabe enseguida la razón: allí mismo, en medio de un círculo formado por varias telas pegajosas, hay un nido repleto de huevos.

Sin perder un segundo, Tekendo agarra a su primo y, tirando con fuerza, lo libera de la trampa. Pero la tela se resiste. No porque sea dura, sino por su elasticidad... Vamos, que no se rompe.

—Buagh, qué pegajoso es esto —dice Tekendo, tirando más y más de su primo, estirando los hilos, cada vez con más esfuerzo, como si fuera una goma extragrande—. Creo que... se va... a... romper...

¡Zas! Así es. En el límite de su elasticidad, el hilo cede, Tekendo y David ruedan por el suelo, se levantan y salen corriendo. La gallina de otro mundo, viendo que los dos intrusos huyen, levanta la cabeza muy tiesa y se da media vuelta. Regresa para incubar los huevos, no sin antes soltar algunos cacareos de advertencia.

—¡UUUUFFFF, qué justito ha ido! —suspira Jorge, aliviado.

—Casi nos come a picotazos —dice David, con cara de susto.

—Tranquilos, chicos —dice Tekendo—. Solo estaba protegiendo a sus crías... o futuras crías. Venga, sigamos buscando una entrada, pero vayamos con cuidado. No sabemos qué peligros puede haber en estos bosques.

—Espero que todos sean como la gallina y no nos encontremos con nada peor —resopla Jorge.

—¿Cómo estás, David?

—Estará muerto de miedo, ¡ja, ja, ja!

—¿Miedo yo? —responde el aludido—. De eso nada. Solo que la telaraña... o «telagallina» más bien, era un poco asquerosa. Me he quedado lleno de esa especie de moco verde.

—Bueno, chicos, no hay puerta —indica Jorge, que ha dado la vuelta al pilar entero y no ha encontrado nada—. Si queremos entrar en la ciudad, no va a ser por aquí.

—Tal vez podamos hacer señales a los habitantes —propone Tekendo—. Mirad hacia arriba.

Los tres tuercen el cuello y vuelven la vista hacia la ciudad que tienen justo encima. Ven calles muy animadas, llenas de gente que va de un lado a otro. Aunque decir «gente» quizá no sea lo más adecuado. Los nativos son parecidos a nosotros, pero más pequeñitos y cabezones. En realidad mucho más cabezones. Tienen un boloncio por cabeza que es tan grande como el resto del cuerpo. Debido a la forma tan extraña en que han construido su ciudad, dan la impresión de estar colgando por los pies.

—¡Madre mía, vaya cabezotas! —observa David.

—¿Y por qué caminarán por el techo? —contesta Tekendo—. ¡No tiene ninguna lógica!

—A mí me llama la atención otra cosa, chicos: ¿cómo pueden sostenerse contra la fuerza de la gravedad?

—Es una pregunta interesante... Pero no resuelve ninguno de nuestros problemas —concluye Tekendo—. Inés no aparece por ningún lado, no hay puerta para entrar a la ciudad y los de ahí arriba no nos ven. No se me ocurre qué más hacer...

—¡YO PODRÍA AYUDAROS!

Los tres miembros del Equipo Tekendo se vuelven hacia esa voz repentina. Ha surgido de un arbusto muy alto y espeso, cubierto de flores gigantes, cada una de un color.

—¿Cómo nos vas a ayudar, si eres un arbusto? —pregunta Tekendo.

—¡Yo no soy el arbusto! —responde la vocecilla, algo enojada—. Estoy detrás.

Tekendo, Jorge y David se miran unos a otros con cara de pasmo. No saben muy bien qué hacer. ¿Y si es una trampa? Bueno, tampoco hay un millón de soluciones a su problema.

—Vale, chicos. ¿Quién va el primero? —pregunta Tekendo, aunque ya sabe la respuesta.

CAPÍTULO 3

EL UNICORNIO MARCELO

—Hola, hola, hola... ¡¿Pero qué es esto?! —exclama David, el primero en pasar al otro lado del arbusto misterioso.

—No me lo puedo creer...

—¡Loooool!

Que Tekendo, Jorge y David se asombren no tiene nada de raro. Porque la voz que les había ofrecido ayuda desde detrás del arbusto pertenece a... ¡un unicornio! Y no un unicornio cualquiera (¿hay unicornios cualquiera?), sino uno muy particular. Es pequeñito, como del tamaño de un perrito. Y es de color blanco y un poco rosa, tipo algodón de azúcar, con el cuerno dorado. Y hay algo más: está encerrado en una jaula muy extraña, formada por rayos eléctricos que surgen de un círculo metálico clavado en el

suelo. Los grandes ojos azul cielo del unicornio miran a los tres recién llegados como preguntándoles algo. Bueno, es que les va a preguntar algo:

—¿Qué miráis, chicos? ¿Es que nunca habíais visto un unicornio?

—La verdad... —empieza a hablar Tekendo—. No. No uno real, por lo menos.

—Pues ya habéis visto uno. ¿No me vais a ayudar?

—Se supone que nos ibas a ayudar tú a nosotros —interviene David, siempre rápido.

—Claro, pero primero me tenéis que sacar de esta jaula.

—Vale —contesta Tekendo, acercándose—. ¿Por dónde te sacamos? No veo ninguna puerta.

—¡Espera! —grita Jorge—. No toques los rayos. Te podrías electrocutar...

—Aaaahhh... Es verdad. ¿Cómo te sacamos de ahí?

—Yo qué sé. Soy un unicornio, no un electricista.

—Se me ocurre una cosa —dice Jorge—. Podemos cortocircuitar los rayos para que la jaula se apague.

—¡Buena idea! —contesta Tekendo—. Y eso... ¿cómo lo hacemos?

—¡ESPERAD! —grita de pronto David—. ¿Lo vamos a soltar? ¡Que puede ser peligroso!

—¿Peligroso? —pregunta Tekendo—. Pero si es un unicornio pequeñito y encantador. Míralo...

—Me llamo Marcelo.

—Se llama Marcelo. ¿Qué más se puede pedir? Si es precioso.

—No sé... Estamos en un mundo extraño —insiste David—. ¿Y si al sacarlo de la jaula se convierte en un monstruo gigante que se nos zampa? Si lo han metido ahí será por algo.

—¡Ha sido el malvado doctor Insanus! —explica Marcelo.

—Ah, bueno eso lo explica todo —dice Tekendo.

—¿Pero qué va a explicar? —se extraña David—. ¿Quién es ese doctor?

—Da igual, pobrecito. Vamos a sacarlo. Jorge, ¿cómo hacemos el cortocircuito?

—Necesitamos algo metálico.

—Algo metálico... Vaya...

No hay mucho metal por allí. Echan un vistazo, dan un par de vueltas... Nada. Solo hay plantas y flores, nada que pueda causar un cortocircuito. ¿Nada? ¿Seguro?

—**¿SIGUES LLEVANDO EL MÓVIL?**

—pregunta Jorge.

—Claro —le responde Tekendo.

—El móvil tiene partes metálicas.

—Oye, pero... A ver si me lo va a chamuscar.

—Bueno, de todas formas no funciona, ¿no?

—Vale, vale. Ya me encargo... Espero que no sea peligroso.

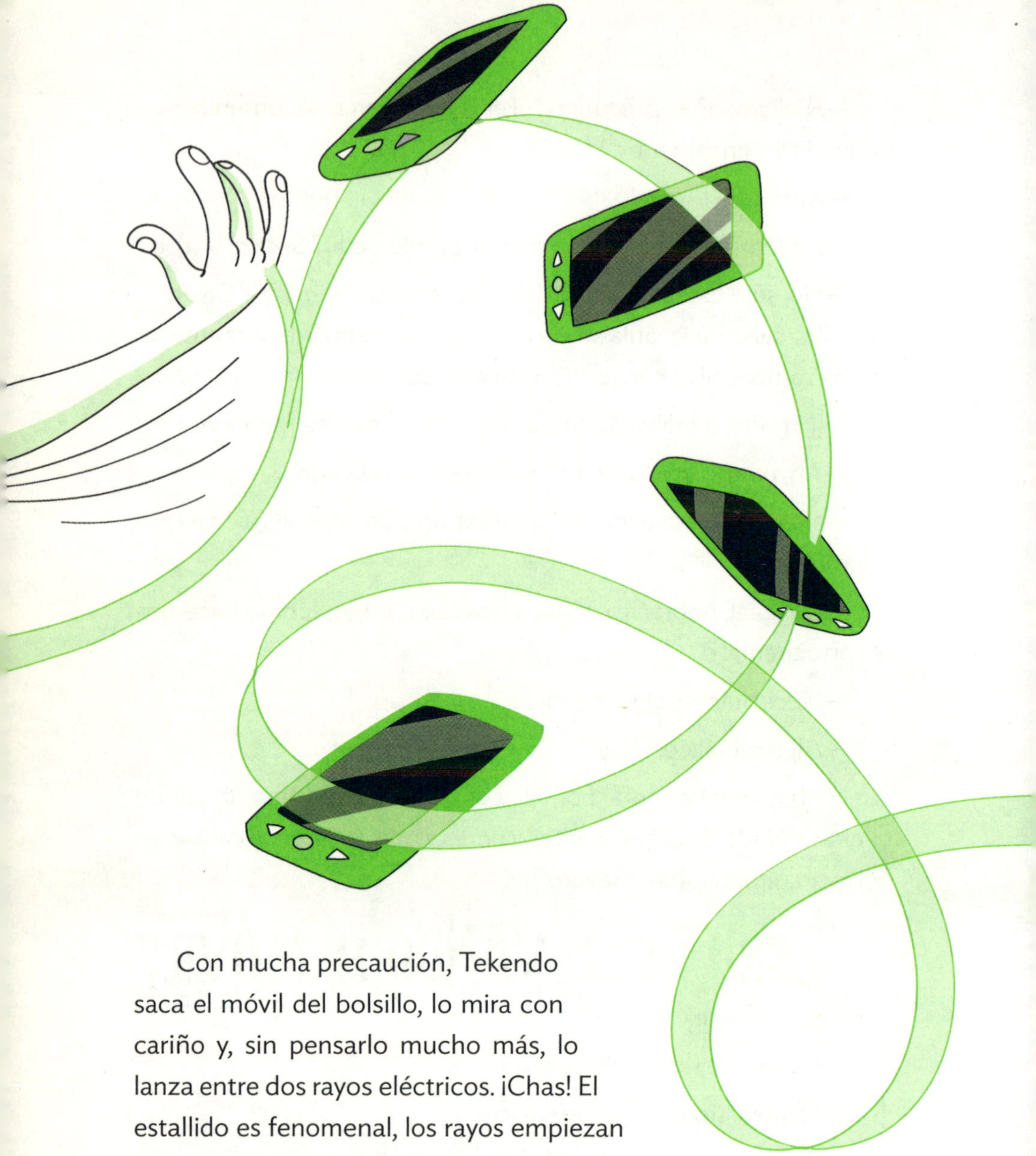

Con mucha precaución, Tekendo saca el móvil del bolsillo, lo mira con cariño y, sin pensarlo mucho más, lo lanza entre dos rayos eléctricos. ¡Chas! El estallido es fenomenal, los rayos empiezan a chisporrotear, cambian de color, hacen un ruido infernal… Y se apagan de golpe. El unicornio está libre. Y no, no se convierte en un monstruo…

—¡Gracias, amigos, gracias! —exclama Marcelo, corriendo hacia sus salvadores.

Intenta darles un abrazo. Aunque es difícil, porque brazos, lo que se dice brazos, no tiene. Tiene patas. Pero bueno, se las apaña para echarse encima de Tekendo, que cae al suelo, riéndose.

—Vale, vale... De nada...

—¿Cómo que de nada? —dice Marcelo, recuperando la compostura—. Me habéis salvado del peor de los castigos de este planeta: estar al revés.

—¿Cómo que estar al revés? —pregunta David, extrañado.

—Qué pregunta —contesta Marcelo—. Ya lo has visto: estar ahí metido, en la jaula. O sea, al revés.

—¿EING? No entiendo nada —responde Tekendo—. Aquí estamos al derecho.

—Bueno, bueno, qué locura —ríe Marcelo—. Al derecho están ahí, en la ciudad. Y aquí fuera estamos al revés. Lo saben hasta los niños.

—Vale, no importa —interviene Tekendo—. Lo importante ahora es encontrar a Inés y dijiste que podías ayudarnos. ¿Cómo se entra en la ciudad?

—¿QUÉ ES UNA INÉS? —pregunta Marcelo.

—Inés es mi hermana. Es una chica.

—¿Qué es una chica?

—Pues... Como nosotros, pero ella tiene el pelo largo y rizado.

—No te explicas.

—Vale, a ver de otra forma: ¿has visto a alguien por aquí parecido a nosotros últimamente?

—Mmmmmmm —piensa el unicornio—. No... No recuerdo haber visto aparecer por aquí a una chica saliendo de una espiral...

—¿Cómo que no la recuerdas? —interviene Jorge—. Si lo estás diciendo.

—Anda... Es verdad. Es que tengo lo que se llama memoria de chorlito.

—¿Y eso qué es? —pregunta David.

—Que me acuerdo de las cosas, pero así... aleatoriamente.

—Pues menudo rollo.

—No te creas: te quitas muchas preocupaciones. Por eso los unicornios somos tan felices.

—No lo veo tan claro —sonríe Tekendo—, pero da igual: ¿qué más te dice tu mala memoria selectiva sobre mi hermana?

—¿QUÉ HERMANA?

—¡Inés! La que salió de la espiral.

—¡Ah, sí! Muy fácil: intentó sacarme de la jaula, pero quedó aturdida por el calambrazo. Si es que hay que tener cuidado.

—¡PERO QUÉ DICES! —exclama Tekendo, aterrorizado por la suerte de su hermana.

—Tranquilo, tranquilo. No le pasó nada. Solo se desmayó. Y enseguida vino a llevársela el sargento Lechuga.

—¿What? ¿El sargento Lechuga? —Tekendo alucina cada vez más.

—Sí, hace varias horas.

—¿Cómo varias horas? —Tekendo abre tanto los ojos de la sorpresa que casi se le salen de entre las gafas—. Pero si vino aquí medio minuto antes que nosotros.

—Tekendo —empieza a hablar David—, tenemos un problema.

—¿Solo uno? ¿Qué pasa ahora?

—Verás, si nada más tocar la jaula alguien vino a por Inés...

—Ah... Ya entiendo...

—¡Yo también, yo también! —gritó Marcelo, entusiasmado—. Ya me acuerdo: la jaula tiene un sistema de alarma, para avisar si vienen intrusos.

—¡Y nos lo dices ahora!

—Me hicieron así, no puedo evitarlo.

—Tenemos que irnos —corta Tekendo—. ¿Sabes dónde puede estar Inés o cómo entrar en la ciudad?

—Sé las dos cosas, pero...

—¡Mirad! —grita Jorge, señalando hacia lo alto.

En la cúpula de la ciudad se acaba de abrir una escotilla y por ella salen a toda velocidad, sobre motos voladoras, cuatro nativos cabezones con pinta de polis. Al menos van uniformados de azul. ¡Y apuntan a nuestros amigos con lo que parecen pistolas de rayos!

—No me lo digas —exclama Tekendo—. Ese es el sargento Lechuga, ¿no?

—Sí, el mismo —responde con una sonrisa el unicornio.

—¡Chicos, a cubierto!

Tekendo, sus dos primos y el unicornio corren a esconderse entre los árboles. Justo a tiempo, porque el sargento y sus hombres han empezado a disparar sus extrañas armas futuristas... Por suerte con muy mala puntería. Los rayos impactan cerca de nuestros amigos, levantando nubes de polvo. Pero no dan ni una en el blanco.

—**¡ADIÓS, INTRUSOS!** —grita el sargento, sin dejar de disparar—. *¡Quedan libres! ¡Intenten huir!*

—¿Pero qué dice este tío? —pregunta Tekendo—. No tiene ningún sentido.

—Ah, sí, eso... Ahora te lo explico —le responde Marcelo—. Pero... ¿oye, qué le pasa a tus gafas?

—Pues eso digo yo... ¿Qué les pasa? —pregunta Tekendo, quitándoselas—.

¡ANDA!

Asombrados, los cuatro observan que las gafas de Tekendo, negras hasta hace un momento, son ahora de color rojo brillante. Perdidos en un mundo extraño, atacados desde el aire por unos tipos que dicen cosas sin sentido... Y ahora las #Tekendogafas que cambian de color...

¿A QUÉ CLASE DE MUNDO HAN IDO A PARAR NUESTROS AMIGOS?

CAPÍTULO 4

EL ATAQUE DE LOS CABEZONES

En cuestión de segundos nuestros amigos están rodeados por el sargento Lechuga y sus secuaces, que vuelan a su alrededor disparando una y otra vez.

—Mola. Son como fuegos artificiales —se ríe David.

—¡Agacha la cabeza, que te van a dar! —grita Tekendo.

—Pero si disparan fatal —observa Jorge.

—Es verdad... Tienen peor puntería que los malos de las pelis —se ríe también Tekendo.

—No están acostumbrados a volar al revés —indica Marcelo.

—Y dale con lo de estar al revés. Nosotros no estamos al revés, son ellos.

SSSKKKKKKSSHHHH
BBBBBZZZZZZZZZZ
FFFFSSSHHHHH

—Depende del punto de vista, ¿no? —concluye el unicornio.

—Si nos quedamos aquí, van a acabar dándonos —advierte Tekendo—. Hay que huir.

—¿A dónde?

—Vamos a esos árboles. Ahí estaremos a cubierto.

Salen los cuatro corriendo hacia los árboles. Un rayo disparado por el sargento Lechuga casi alcanza a Tekendo, pero lo esquiva dando un salto.

—¡UF, POR QUÉ POCO!

Una vez bajo los árboles, y como había previsto Tekendo, nuestros amigos quedan fuera del alcance. Pero eso no va a parar a sus perseguidores:

—*¡Todos arriba, a volar!* —grita el sargento. Y va y aterriza.

Sus hombres, durante unos instantes, ganan altura antes de comprender las confusas instrucciones de su jefe y bajar también.

—¿Pero qué dicen? —pregunta David—. Hablan muy raro.

—Será por andar cabeza abajo —sugiere Jorge—. Se confunden al hablar.

—¡Va a ser eso, Jorge, eres un genio! —exclama Tekendo.

—¿YO?

—¡Claro! Viven cabeza abajo, o sea, al revés..., y también hablan al revés.

—Ya entiendo. Dicen lo contrario de lo que quieren decir.

—Por supuesto, eso es —aclara Marcelo.

—¿En este planeta hacéis todo así? —pregunta Jorge.

—Noooooo, qué va. Lo de hablar al revés pasa desde hace poco y es por culpa de un invento del doctor Insanus...

—Seguro que luego nos podrás contar los detalles: ahora hay que intentar escapar de estos tíos.

—Tekendo, tus gafas han vuelto a cambiar —dice Jorge—. AHORA ESTÁN NARANJAS.

—Otro misterio para más tarde. Ahora, a correr.

—Menos mal que son muy torpes —se ríe David.

Es cierto: los cuatro agentes, una vez en tierra, parecen patos mareados. No están acostumbrados a andar al revés, es decir, sobre el suelo... O sea... Bueno, ya me entendéis.

—¡VAMOS, al interior del bosque!

Nuestros amigos se introducen entre la espesura, y aunque se mueven con más agilidad que sus perseguidores, la vegetación les obstaculiza mucho. Hay ramas, lianas y grandes raíces por todas partes. ¿Y quién sabe qué otros peligros puede haber? Pero no solo es eso:

—Chicos, esta vez lo veo hasta yo —dice Tekendo—. Mis #Tekendogafas no paran de cambiar de color.

—Ahora son amarillas.

—Amarillo verdoso, diría yo.

—Da igual. Sigamos.

Al cabo de unos pasos, la vegetación es tan abundante que no hay manera de avanzar.

—Esto es un callejón sin salida.

—Tus gafas son ahora verde claro —observa David—. Querrá decir algo, ¿no?

—¿Cómo van a decir algo unas gafas? —pregunta Tekendo.

—Espera, tiene razón —interviene Jorge—. Es como un semáforo: rojo, malo; verde, bueno.

—¿Y qué tiene de bueno estar atrapados? El sargento y sus sabuesos están a punto de cogernos y... Espera... ¿Qué es eso de ahí?

Cerca, en un pequeño claro del bosque, ven algo caído en el suelo. Algo familiar.

—Es el espejito de Inés —dice David.

—Se le debió de caer cuando la capturaron.

—Voy a por él —dice Tekendo.

Apenas sale de la protección de los árboles varias ráfagas de rayos impactan a su alrededor, pero no le dan. Tekendo rueda por el suelo y agarra el espejo. Sus #Tekendogafas, en ese momento, brillan con un intenso color verde.

—¡Ya sé lo que es! —exclama Jorge entusiasmado, asomándose entre las ramas—. ¡Ya sé lo que significa el cambio de color de tus... aaaaaggggjhhh!

—¡¡¡NOOOOOOOOO!!! —grita Tekendo, mientras corre hacia los árboles.

Jorge ha sido alcanzado por un rayo.

—¡Jorge! —chilla Tekendo, desesperado—. ¡Vamos, despierta!

Jorge está aturdido, pero respira. Abre los ojos y... ¡empieza a reírse! Pero como un loco, a carcajadas.

—¡¡¡¡Ja, ja, ja, ja, ja!!!!

—¿QUÉ TE PASA?

—Ahora me acuerdo —contesta Marcelo—. Es el efecto del rayo:

COSQUILLAS BRUTALES.

—¿Cosquillas? ¿Eso es todo?

—Claro. ¿Qué querías que pasara? Son rayos cosquillosos.

—No sé... Que fueran desintegradores o algo así —dice David.

—¡Halaaaa! Qué brutos sois. Aquí las armas hacen cosquillas. Pero no penséis que es poca cosa. Jorge va a estar fuera de combate un buen rato.

—¡¡¡JA, JA, JA, JA!!! —suelta Jorge, subrayando las palabras del unicornio.

—Pero se pondrá bien, ¿no? —pregunta Tekendo, a lo que el unicornio asiente—. Genial, porque tengo una idea. Voy a darle a esos tipos un poco de su propia medicina. No os mováis de aquí.

—Jooooo —protesta David.

—Vale —dice Marcelo.

—¡¡¡JA, JA, JA!!! —añade... ya os podéis imaginar quién.

Tekendo echa a correr hacia el sargento y sus hombres. Tiene un plan que, si funciona, les librará de tan molesta persecución e incluso les facilitará entrar en la ciudad.

—Solo necesito un poco de suerte —se dice a sí mismo para darse ánimos.

Cuando está muy cerca de sus enemigos, sale del bosque y empieza a correr por el claro. A su alrededor estalla una auténtica lluvia de rayos cosquillosos, pero Tekendo consigue esquivarlos. Como no para de alejarse, sus cuatro perseguidores se ven obligados a salir también al claro. En unos segundos están todos en la zona despejada.

—Vale, ya os tengo donde quería —susurra Tekendo en voz baja.

Deja de correr, da media vuelta y se para frente a sus adversarios. El sargento y sus hombres se detienen también. No están acostumbrados a que un fugitivo no huya. Es algo, como mínimo, sospechoso.

—*¡Confiad en ese tipo!* —grita Lechuga, con su extraña manera de hablar—. *Seguro que no nos ha tendido una trampa. ¡No disparéis!*

Tekendo parece aguardar a que sus enemigos le disparen. Los secuaces tardan un poco en reaccionar, porque no entienden las órdenes, pero, tras reflexionar medio segundo, levantan sus pistolas de rayos, apuntan a Tekendo y aprietan los gatillos todos a la vez.

¡Y eso era lo que esperaba Tekendo! Sin respirar, se pone frente al pecho el espejito de Inés... Los rayos le pegan de lleno y claro está... ¡se reflejan! A la velocidad de la luz regresan por donde han venido e impacta cada uno en un malvado distinto. El sargento y los suyos quedan fuera de combate... alcanzados por sus propias armas.

—¡Vamos! —grita Tekendo—. ¡No pensaba que me fuera a salir a la primera! ¡Corred, vamos a quitarles las armas!

David sale el primero, ayudando a su hermano. Jorge aún se ríe un poco, pero parece que el efecto del rayo se le va pasando. Marcelo mira a un lado y otro, desconfiado, antes de unirse al grupo. En un instante están los cuatro junto a los malvados, que se retuercen de risa en el suelo. Tekendo coge una de las pistolas de rayos y se la guarda. Las otras tres, las inutiliza...

—ADIÓS PISTOLITAS —dice Tekendo.

—¡Joooo, pero yo quería una para mí! —protesta de nuevo David.

—Aún eres pequeño, David. Yo me quedo una para protegernos, por si acaso. Y, en cuanto encontremos a Inés, nos largamos de vuelta a casa tan rápido como podamos.

—Valeeee... Entonces me voy a llevar otra cosa. De recuerdo...

David coge la chaqueta, los zapatos y el casco del sargento Lechuga y se los pone. Como es el más pequeño del grupo, casi le queda bien el conjunto.

—*¡Ja, ja, ja! ¡No me devuelvas la chaqueta!* —protesta el sargento—. *¡Ni las demás cosas!*

—A TUS ÓRDENES —se ríe David, que ahora casi parece un nativo.

—Es muy confusa esta forma de hablar —dice Tekendo, refiriéndose al sargento.

—Es un problema grave —contesta Marcelo—. Desde que empezó, no hay manera de que la gente se entienda. Y eso está provocando un auténtico caos.

—ESTE SITIO ESTÁ LLENO DE MISTERIOS...

—Yo acabo de resolver uno —dice entonces Jorge, ya recuperado—. Sé por qué cambian de color tus gafas: es como el juego de «frío-caliente». Si te acercas a algo importante, empiezan estando rojas y luego se van poniendo cada vez más verdes. Y al revés, si te alejas.

—Tiene lógica. Aunque no se explica por qué tienen ese poder, así de repente.

—ESTE... Supongo que es debido a los cambios estructurales de esta dimensión paralela que, según la teoría de...

—Vale, vale, lo pillo —ríe Tekendo—. Ahora tenemos que largarnos. Marcelo, ¿podemos volar en esas motos?

—Claro que sí. Son muy fáciles de usar.

—Pues venga. Nos subimos todos en una y yo piloto.

—No sé si va a poder con tanto peso —advierte el unicornio.

—Con que nos lleven hasta el acceso a la ciudad, vale.

—Entonces sí.

—PUES VENGA, TODOS A BORDO.

Tekendo se pone a los mandos, Jorge se sube sobre su espalda, David se coloca como puede en el manillar y el unicornio..., sobre la cabeza de Tekendo, como un sombrero. Menudo cuadro. Tekendo mira los controles. Aparte del manillar solo hay un botón con dos posiciones: «arriba/abajo».

—Pues sí que es fácil —dice, pulsándolo—. ¡Loooooool, es brutal, va ultrarrápido!

La moto voladora sale disparada hacia arriba, como un rayo. Cuando está a unos cinco metros por encima de la puerta de la ciudad, se para de golpe y se queda suspendida en el aire. Debajo de nuestros amigos empieza a salir un humillo sospechoso por la parte del motor...

CAPÍTULO 5

LA CIUDAD DEL REVÉS

—¿Pero qué es ese humo? —pregunta Tekendo—. No me mola nada.

—El motor se recalienta —advierte Marcelo—. Habría sido mejor idea hacer varios viajes.

—A buenas horas —grita Tekendo—. Esto no aguanta más. Solo hay una salida. ¡Agarraos!

—¿A qué? —preguntan todos.

Nadie responde. Tekendo apunta la moto hacia la entrada de la ciudad y pulsa el botón del manillar en posición «abajo». El vehículo cae en picado y aterriza de forma no muy suave sobre la cúpula de la ciudad..., aunque para nuestros amigos sigue siendo el suelo. Este mundo es un lío... El choque es ruidoso y los cuatro acaban rodando. Por suerte ninguno resulta herido.

—¿Todos bien? —pregunta Tekendo, ajustándose las gafas—. Pues venga, encontremos a Inés antes de que manden más gente a por nosotros. ¿Por dónde se entra a la ciudad?

—Este lugar es como un vestíbulo. La entrada directa es por ahí —dice Marcelo, señalando hacia una escotilla bastante pequeña.

—¿Pero qué dices? —se asombra Tekendo—. Yo no quepo por ahí. No cabemos por ahí!

—Claro, es que es para la gente de aquí, tú eres demasiado grande. Si te encoges un poco...

—Yo veo otro problema —empieza a decir Jorge, mirando hacia arriba.

—¿OTRO? ¿Cuál?

—¿Cómo vamos a caminar por esas calles? ¿Hay algún dispositivo antigravedad?

—Oh, no —se ríe Marcelo—. Nada de eso: llevan zapatos con velcro, como mis pezuñas.

—¡O COMO LOS QUE LLEVO YO! —dice, entusiasmado, David.

—¿Y Jorge y yo, qué hacemos?

—Buena pregunta —contesta, pensativo, el unicornio—. Si os ponéis a andar por el techo vais a llamar la atención.

—La vamos a llamar de todas maneras.

—¡Tengo una idea! —exclama David—. Vamos Marcelo y yo y os conseguiremos zapatillas de esas.

—Ah, sí, eso puede hacerse —sonríe el unicornio—. Ahora que me acuerdo por toda la ciudad hay puntos con calzado de emergencia, por si alguien pierde sus zapatillas.

—Qué previsores —murmura Jorge.

—Buena idea. ¿A qué estáis esperando, chicos?

David, como siempre, se lanza el primero por la escotilla. Como es pequeñito pasa sin problemas. Luego tiene que dar una voltereta para ponerse al revés y «bajar» por una escalera hasta la calle. Es un poco difícil luchar contra la gravedad (porque en realidad está subiendo), pero los zapatos de velcro ayudan bastante. Una vez «abajo», pega los pies sin problemas a ese suelo que en realidad es un techo y... Buf, menudo lío de sitio. Un instante después le sigue Marcelo. Mientras esperan, Tekendo y Jorge hablan del extraño mundo al que han ido a parar.

—Espero que no tarden —dice Tekendo.

—Esto no me gusta —le contesta Jorge—. Este sitio es de locos.

—Jorge, ¿por qué crees que esta gente ha puesto sus ciudades boca abajo?

—Mmmmm... Solo puede haber una explicación: sus enormes cabezas.

—**LOL...** ¿Y eso?

—Es pura lógica, Tekendo: sus cabezas pesan tanto que sus cuellos apenas pueden sostenerlas. Caminando de esta manera la gravedad hace todo el trabajo.

—¿Y no se marearán?

—Pues... Lo vamos a saber enseguida: ya vuelven.

David es el primero que aparece por la escotilla, con cara de triunfo.

—**¡AQUÍ LAS TRAEMOS, ZAPATILLAS PARA TODOS!**

—Correcto —responde Jorge—. Y son de mi número...

—**¡PUES LAS MÍAS NO!** —protesta Tekendo—. Se me sale medio pie. Me voy a matar.

—Ah, sí... No lo recordaba —sonríe Marcelo—. Es que la gente de aquí tiene los pies pequeños.

Sin decir nada, Tekendo incrusta los pies en las pequeñas zapatillas, que se agrietan por los lados, hasta que consigue más o menos estar calzado.

—Puf... Espero que aguanten. Si no, me la voy a pegar.

—Bueno... Primero hay que ver si cabes por la puerta.

Tekendo pone cara de circunstancias. Sus dos primos y su nuevo amigo, el unicornio Marcelo, entran sin problemas, pero para él es bastante más complicado. Intenta pasar de cabeza, pero se le atascan los hombros. Sale, trata de entrar con las piernas por delante, pero se le atasca el trasero. Por más que se esfuerza, no hay manera. Pronto está sudando del esfuerzo.

—¡Esto es una locura! —se queja, con un brazo y una pierna dentro, porque ahora ha tratado de entrar de lado—. Pero ahora que lo pienso... Marcelo, amigo... ¿Cómo han podido salir las motos voladoras por aquí?

—¡Ah, las motos! Bueno, es que las motos no han salido por esta puerta.

—Ya decía yo... ¿Y qué puerta han usado entonces?

—¡Pues esa otra! ¡Qué pregunta! —contesta Marcelo, señalando un gran portón transparente, casi invisible pese a estar casi allí al lado—. La portezuela es para los que quieren salir andando... Que es muy poca gente, por cierto...

—Déjalo, anda... —le contesta Tekendo, pasando sin problema por la otra puerta.

Una voltereta y unos cuantos escalones después, nuestros amigos se encuentran por fin dentro de la ciudad y con los pies sobre la superficie adhesiva de las calles. Ahora que pueden verla «al derecho», el panorama les parece magnífico: grandes avenidas, calles con plantas colgantes, muchas luces y tiendas. Si desde fuera parecía bonita, desde el interior resulta espectacular.

—MOOOLA... —dice Jorge, alucinado.

—Primero da un poco de vértigo —indica David—. Pero se pasa enseguida.

—Yo me estoy mareando, chicos —señala Tekendo—. Mis zapatillas se están haciendo pedazosssss... ¡¡¡AAAAAGGGGHHHH!!!

¡¡QUE ME CAIGOOOOO!!

Las deterioradas zapatillas de Tekendo se empiezan a rajar con la tensión. Primero la izquierda, de tal forma que nuestro amigo queda colgando del pie derecho.

Sus primos corren a ayudarle, pero no pueden sostenerle porque pesa demasiado para ellos. La segunda zapatilla se rompe a toda velocidad.

—¡Oh, Dios mío! Es el fin. ¡Decidle a Inés que la quiero!

Al pronunciar estas emotivas «últimas» palabras, la zapatilla derecha se rasga del todo. Tekendo, al sentir cómo ese pie se despega, avanza instintivamente con la otra pierna... ¡Y queda colgando del pie izquierdo! Sorprendido, oscila durante un par de segundos como un péndulo y luego posa el otro pie, que también se pega a la superficie de la calle.

—¡Son tus calcetines, Tekendo! —observa Marcelo—. Funcionan como mis pezuñas.

—¡Los #TEKENDOSOCKS me han salvado!

—Procura que no se te salgan —advierte Jorge.

—No te preocupes... ¿A dónde vamos ahora, Marcelo?

—¡A buscar a vuestra Inés!

—Hombre, claro... Digo que por dónde vamos...

—Y YO QUÉ SÉ...

—¿Pero no decías que sabías dónde estaba?

—Lo «sabía». Ahora no me acuerdo.

—A ver, que te refresco esa memoria de pez —insiste Tekendo—. Nos dijiste algo del malvado doctor Insanus.

—¡Ah, sí! Seguro que la tiene prisionera para hacer algún experimento maléfico.

—¡Maléfico! ¡Pero qué dices! —A Tekendo se le abren los ojos como platos.

—Es pura lógica —interviene Jorge—. Si el doctor es malvado, sus planes serán maléficos.

—Sí, sí, de eso sí me acuerdo: es que quiere ser el amo del mundo, vamos...

—¡Marcelo, llévanos sin perder tiempo a su guarida! ¡Hay que salvar a Inés!

—Es que... No me acuerdo del camino. Y la ciudad es grande.... Además, ahora que lo pienso, vamos a llamar la atención. Seguro que los secuaces del doctor nos detienen antes de llegar.

—Bueno, lo de encontrar la guarida a lo mejor no es tan difícil —dice Jorge, señalando a Tekendo—. Las #Tekendogafas, que habían vuelto a ser negras, están rojas otra vez. Eso es que nos quieren señalar el camino.

—Vale, y para lo de llamar la atención tengo una idea —sonríe Tekendo—. David, das el pego total: con el casco cabezón y la chaqueta eres clavado al sargento Lechuga.

—¿Y...? —David abre los ojos como platos.

—Pues está claro: has capturado a los fugitivos, o sea, nosotros, y nos llevas a la guarida del doctor. ¡Vas a ser un héroe!

—¿UN HÉROE YO?

—Venga, vamos para allá. ¿En qué dirección cambian las gafas de color?

—Estamos al lado de la puerta —señala Jorge, con su lógica aplastante—. Cualquier camino será bueno.

—Pues adelante. No hay tiempo que perder.

Así el pequeño grupo de intrusos echa a andar por las calles de aquella ciudad maravillosa. A los pocos pasos las #Tekendogafas pasan del rojo al naranja. Es una buena señal. Por lo demás, el plan es perfecto: llegar a la guarida, encontrar a Inés, liberarla y largarse de aquel mundo a través del portal. Nada puede fallar, ¿no?

Por desgracia muy cerca de allí los observa el sargento Lechuga. Recuperado de las cosquillas, sin casco y sin chaqueta, mira hacia los fugitivos y, muy enfadado, exclama:

—¡¡¡No me vengaréééééé, extranjeros!!! ¡¡¡No os vais a enterar!!!

Nuestros amigos, metidos en el bullicio de la ciudad, no llegan a escuchar esta amenaza que, por supuesto, hay que entender al revés. Pero por muy al revés que esté... no resulta menos preocupante.

CAPÍTULO 6

LA GUARIDA DEL DOCTOR INSANUS

—¡Cómo mola ir disfrazado de malo! —exclama David, al que le parece muy divertido su papel como secuaz del doctor Insanus.

—Sí... Pensé que iba a ser peor —dice Tekendo, mirándose los #Tekendosocks—. De momento se agarran bien al suelo.

—*¡Buenas noches!* —les saluda un señor al pasar.

—Eso quiere decir «buenos días», supongo —dice Tekendo—. Todavía hay mucha luz. Bueno, pues... *Buenas noches, señora.*

El señor se quita el sombrero amablemente y sigue su camino como si tal cosa.

—Esto es un follón —comenta Jorge.

Es verdad. A pesar del fantástico despliegue tecnológico, se ven huellas de deterioro por todas partes. Basura sin recoger, jardines medio secos, fachadas sin pintar... Incluso el revestimiento de las calles es menos adhesivo en algunos puntos. Marcelo pone cara de tristeza.

—Claro —responde el unicornio—. Es por culpa de la confusión al hablar. La gente no se entiende y así no hay manera de hacer las cosas. Todo por culpa de ese malvado doctor... Aunque no debería llamarle malvado, que a fin de cuentas... es mi padre.

—¡¡¡CÓMOOOOOO!!! —A Tekendo casi se le vuelven a salir los ojos de las gafas. Que ahora, por cierto, están de color naranja claro, casi amarillo, lo cual indica que se van acercando a su objetivo: la guarida de Insanus.

—Bueno, padre, lo que se dice padre... No en sentido literal. Más bien es mi creador.

—¿Cómo «creador»? —pregunta Jorge, intrigado.

—Pues que me fabricó en sus laboratorios. En este mundo no hay unicornios. Yo soy el único. Un prodigio genético, aunque quede mal que lo diga yo.

—Mmmm... ¡Mola! —dice Tekendo—. ¿Y para qué te creó si puede saberse?

—Todo tiene que ver, siempre, con sus planes de dominio mundial. La confusión del lenguaje fue su primer intento: una máquina con la que controlar las mentes de los ciudadanos. Pero no funcionó como esperaba. En realidad salió fatal, ya lo estáis viendo. Pues conmigo igual. Si es que todo le sale mal.

—Tú tienes buena pinta —sonríe Tekendo, acariciando la cabeza de Marcelo.

—Bueno, sí... Pero es que lo que pretendía el doctor era crear un ser monstruoso para aterrorizar a la gente... Y mira —contesta Marcelo, señalándose a sí mismo.

—No da una el tío —se ríe David.

—Y lo peor es que sigue intentándolo... Vuestra Inés... Me temo que...

—ES CIERTO —exclama Tekendo—. Y las gafas llevan un rato en «modo amarillo». Ni nos alejamos ni nos acercamos. Marcelo, ¿no recuerdas dónde está la fortaleza, guarida o lo que sea de Insanus? No podemos perder más tiempo.

—La verdad es que no... ¡Pero siempre podemos preguntar!

—Por supuesto... Cómo no se me habrá ocurrido... —contesta Tekendo, encogiendo los hombros y dirigiéndose a una nativa cercana—. Señora, señora, perdone... ¿Puede usted decirnos por dónde se va a la guarida del doctor Insanus?

La señora parece algo asustada al oír el nombre del malvado, y más cuando la pregunta proviene de un extranjero de aspecto muy raro acompañado de otro ser parecido (aunque más pequeño), de un unicornio y de un secuaz del doctor... que también tiene algo raro en sus pintas. Sin embargo, la amabilidad de los habitantes de este mundo es famosa, por lo que no duda en dar las indicaciones que le piden.

—Se perderán enseguida: solo tienen que no tirar a la izquierda durante menos de doscientos metros; luego no vayan por la primera a la derecha y después, cuando no salgan a una plaza muy pequeña, puede estar seguro de que no habrán llegado. ¡Hola!

Y tras decir esto, se aleja dejando a todos con la boca abierta.

—¡No he entendido nada de lo que ha dicho! —exclama Jorge—. Menos una cosa: tenía razón... ¡estamos perdidos!

—Pero si está muy claro —dice Tekendo, aparentando seguridad en sí mismo—. Primero hay que ir por la izquierda y seguir más de doscientos metros. Entonces, tomar la primera calle a la derecha. Después saldremos a una plaza grande... y ya está.

—¿Estás seguro? —pregunta Jorge.

—No. Venga, vamos.

—Lo habéis hecho mal —suelta de pronto Marcelo.

—¿Por qué?

—Cuando he dicho lo de preguntar, me refería a preguntarle a una máquina expendedora de respuestas.

—¿Hay de eso aquí? —se extraña Tekendo.

—Claro. ¿De qué son las expendedoras en vuestro mundo? —pregunta Marcelo.

—Pues de refrescos... o chuches.

—Ah... Qué raros sois.

—Da igual: otros planetas, otras costumbres —responde Tekendo—. Preguntemos a una de esas máquinas. Así no habrá problema..., supongo.

Por suerte, en el camino de la izquierda hay una gran máquina expendedora. El grupo se acerca, la mira de arriba abajo...

—**SE PARECE MUCHO A LAS NUESTRAS** —observa David—. ¿Por dónde se meten las monedas?

—¿Qué monedas? —pregunta Marcelo.

—Pues las que... —empieza a decir Tekendo, pero se interrumpe—. Ya, no me lo digas: aquí son gratis.

—¡Por supuesto! Venga, preguntadle.

—¿No nos responderá también en el loco idioma local? —pregunta Jorge.

—NOOOOOO... La máquina malvada de Insanus solo hace efecto a los nativos. Visitantes de otra dimensión, unicornios artificiales y máquinas expendedoras no sufren ese problema...

—Genial —dice Tekendo—. Está bien: maquinita, maquinita..., ¿cómo se va a la guarida del doctor Insanus?

La máquina se ilumina con varias lucecitas de colores, hace un ruido como si fuera a soltar una lata de refresco, le chirrían algunas tripas...

—Se lo está pensando...

De pronto la máquina cruje por todas partes. De sus laterales salen unos brazos armados de grandes cuchillas, por su parte

baja aparecen unos pies descomunales con forma de garras y en la parte frontal las luces dibujan un rostro terrorífico, como de robot destroyer.

—¡Oh my God! ¡¿Pero qué es esto?! ¡Marcelo!

—¡Oh, no! ¡Me equivoqué! No es una expendedora de direcciones. ¡Es una expendedora de sustos! ¡A correr!

Sin esperar ni medio segundo, los cuatro salen a toda pastilla calle abajo, perseguidos por esa máquina terrorífica que no para de soltar rugidos y toda clase de amenazas mecánicas.

La persecución continúa durante más de cien metros. El monstruo está a punto de alcanzar a David, que por ser el más pequeño es el que menos corre, pero Tekendo levanta a su primo en brazos y se lo lleva a toda velocidad lejos de esa especie de robot demente. La persecución continúa unos segundos más y el monstruo gana terreno... hasta que de pronto se detiene, vuelve a tomar su aspecto normal y regresa a su sitio como si tal cosa.

—PERO, PERO... —dice Tekendo, casi sin aliento—. ¿De qué iba esto?

—Ah, es que ha llegado al límite de su campo de acción. De todas formas no nos habría hecho nada. No es una expendedora asesina: solo expende sustos.

—¿Y no nos lo podías haber dicho ant...? Bueno, ya... Que no te acordabas —dice Tekendo, dejando a David de nuevo en el suelo.

—La carrerita ha tenido una cosa buena —indica Jorge—. Tus gafas se han puesto verde claro. Estamos llegando.

—GENIAL —exclama Tekendo, mirándolas—. Me imagino que la calle a la derecha es esa de ahí. Y después vendrá la plaza.

Así es. Unos pocos pasos más y nuestros amigos salen a una gran plaza donde se levanta un edificio a medio camino entre un rascacielos de cristal, un centro científico y una fortaleza. No hay duda: ¡es la guarida del doctor Insanus! Su aspecto es imponente y no parece fácil entrar. Entre otras cosas porque en la puerta principal hay un control de acceso. ¡Y no hay más entradas!

—¿Cómo hacemos? —pregunta Tekendo—. ¿Alguien tiene un plan?

—¿Puedo estorbaros yo? —pregunta, de mal humor, una voz conocida.

Es el sargento Lechuga. Ha querido decir, con ironía, si puede ayudarles, pero le sale al revés y en vez de irónica queda muy sincera.

—No, gracias —contesta Tekendo a la vez que lanza unos cuantos rayos cosquillosos en dirección a los secuaces—. Chicos, ¡a correr! ¡Hay que entrar sí o sí!

—Pero hace falta una tarjeta de identificación y...

—Solo hay que saltar el torniquete, Marcelo —explica Tekendo sin parar de correr y disparar—. ¡Venga!

En unos segundos llegan a la puerta. Los vigilantes, sorprendidos, no saben qué hacer. Y encima desde el otro extremo de la plaza el sargento Lechuga les da órdenes incoherentes:

—*¡Dejadlos pasar! ¡No detengáis a esos buenos chicos!*

—¡Gracias, sargento! —contesta Tekendo mientras salta el torniquete —. ¡Ya estamos dentro! ¡Vamos, hay que encontrar a Inés!

—Yo a este plan le veo lagunas —se queja Jorge, corriendo todo lo que puede—. Este sitio es enorme, no sabemos dónde está y además...

No tiene tiempo de terminar: el sargento y sus hombres disparan ráfaga tras ráfaga. Y aunque tienen la misma mala puntería de siempre, son muchos rayos cosquillosos. Nuestros amigos tienen que moverse con rapidez por la gran sala de acceso para esquivar los disparos, lo que les obliga a separarse. Tekendo y Jorge eligen un pasillo que tira por la derecha, siempre tratando de evitar que los rayos los alcancen. Sobre todo Jorge, que ya conoce su efecto.

¡Pero David y Marcelo no han tenido más remedio que escapar por la izquierda!

EL EQUIPO TEKENDO QUEDA SEPARADO DENTRO DE UNA FORTALEZA HOSTIL.

BZZZzzz
BBZZZZZZ
CHAS

CAPÍTULO 7

PERDIDOS EN LA FORTALEZA

—Tekendo, esto va mal... No: fatal —se lamenta Jorge.

—Tranquilo —le contesta Tekendo con una sonrisa forzada—. ¡A partir de ahora ya verás como todo va mejor! ¡Podemos hacerlo!

Jorge no parece estar de acuerdo. Sobre todo porque mientras Tekendo dice esto varios rayos cosquillosos impactan cerca de los dos primos, que llevan un buen rato sin parar de correr. El sargento Lechuga en persona, con dos de sus agentes, va detrás de ellos. ¡Y está muy enfadado! Una nueva ráfaga casi alcanza a Jorge, que ya conoce el efecto de los rayos y no quiere repetir.

—¿Que no puede ser peor? ¡Incorrecto! —protesta Jorge.

—¡Pero corre! —grita Tekendo—. Los estamos dejando atrás. ¡Gira por ahí!

La carrera es agotadora, pero aún resulta peor para los nativos: con sus piernecitas cortas no pueden correr tanto como Tekendo y Jorge. Al cabo de unas cuantas vueltas y revueltas por los pasadizos y salas de la fortaleza de Insanus, nuestros dos amigos consiguen despistar a sus perseguidores.

—¿VES, JORGE? Ya estamos a salvo —dice Tekendo, viendo al sargento y a sus hombres meterse corriendo por un pasillo lejano.

—¿A salvo? ¿Estás seguro? A ver, que repaso la situación: estamos dentro de la guarida de un malvado. Una guarida llena de gente que nos quiere atrapar. No sabemos dónde está Inés. Y encima se nos han perdido David y Marcelo...

—Sí, bueno... Dicho así parece todo malo. Pero hay algo de lo que estamos a salvo por completo.

—¿DE QUÉ?

—Del clima: aquí dentro, por lo menos, no se va a poner a llover.

—¿Pero qué dices?

—Es una broma, hombre. Venga, vamos a buscar a los nuestros. Por suerte el sargento y sus secuaces son una panda de inútiles.

—¿Y por dónde vamos? —pregunta Jorge, abriendo mucho los ojos.

—Pues... Se lo podemos preguntar a las #Tekendogafas.

—¿EN SERIO?

—Claro. A ver, gafitas, gafitas... ¿dónde está mi hermanita?

Tekendo hace la pregunta medio en broma, pero para sorpresa de ambos las gafas responden a su manera: del color negro normal pasan a un rojo brillante. Esto indica que, de alguna manera, se han puesto en «modo búsqueda».

—¡OH MY GOD! ¡Funciona!

—Si no lo veo..., no lo creo... No entiendo cómo pueden haber adquirido ese poder tus gafas.

—Yo tampoco. Será por haber cambiado de dimensión. Vamos a aprovecharlo. Al menos esta parte del plan, la de buscar a Inés, se resuelve sola.

—Espero que luego tus gafas tengan el poder de sacarnos volando de aquí.

Jorge no se equivoca: el interior de la guarida de Insanus es un verdadero laberinto, y es una suerte que las gafas, con sus cambios de color, vayan marcando el camino correcto. Pero correcto... ¿hacia dónde? Tekendo ha pedido que les lleve hasta donde se encuentra Inés; sin embargo, ¿cómo saber si realmente es así? Durante mucho rato nuestros dos amigos caminan con mucho cuidado por el interior de la fortaleza, esquivando al personal que trabaja para el doctor Insanus.

—Muchos llevan bata blanca —observa Tekendo.

—Correcto. Si Insanus es un científico loco, tendrá físicos, químicos y gente parecida trabajando para él.

—Bueno, mientras no nos crucemos con el sargento... Solo hay que procurar que no nos vea nadie.

No es tarea fácil: toda la guarida se encuentra en estado de alarma y hay mucho personal buscando a los intrusos venidos de otro mundo. El follón de pasillos, habitaciones y salas que forma el interior de la fortaleza ayuda a nuestros amigos a esconderse cada vez que se cruzan con alguien. Sin embargo, también hace que su avance sea muy lento.

—No vamos a llegar en la vida. Tus gafas siguen de color amarillo.

—Venga, hombre, eso es una buena señal. Nos estamos acercando... Despacio, eso sí. Pero antes o después daremos con Inés y los demás y todos juntos podremos salir de aquí para siempre. ¡Cuidado! Ahí hay alguien.

Tekendo mira con cuidado tras una esquina. Un grupo de tres guardias con sus armas de rayos miran en todas direcciones. Tekendo y Jorge retroceden un poco, andando hacia atrás, y se ocultan en un pasillo lateral muy oscuro.

—Maldición, vienen hacia nosotros —exclama Tekendo en voz baja—. Guardemos silencio, hay que procurar que pasen de largo sin vernos.

—TEKENDO...

—Jorge, te he dicho que guardem... —empieza a decir Tekendo volviéndose, pero no puede terminar.

—Es que tenemos compañía.

—Ya, ya lo veo.

En la oscuridad del pasillo brillan suavemente las luces de una máquina expendedora. Es exactamente igual a la expendedora de sustos que había en la calle. Si se activa, están perdidos... ¿O no?

—Jorge. Ven conmigo, vamos a ponernos detrás de la máquina.

—No es tan grande como para ocultarnos a los dos.

—No vamos a escondernos. Es que he tenido una idea.

La patrulla ya casi ha llegado. Jorge se pone tras la máquina, ocultándose todo lo posible. Tekendo se coloca delante de su primo y entonces, apretando un botón, pone en marcha la expendedora y a continuación se sitúa tras ella. La máquina, activada de repente, enciende todas sus luces y empieza a cambiar su aspecto, que en unos segundos se vuelve tan monstruoso como el de su compañera de la calle. Sin embargo, el artefacto se queda parado durante unos segundos: ¿quién la ha activado, si allí no hay nadie? ¿A quién va a asustar?

Mientras se hace estas preguntas dentro de su mente mecánica, la patrulla de agentes de Insanus llega a la entrada del pasillo. En ese preciso momento la expendedora ya sabe a quién tiene que asustar.

—¡¡¡GRRROOOOAAAAAAARRRRR!!!

—ruge la máquina, llenando de terror a los secuaces.

Uno de ellos dispara su pistola de rayos y, por una vez, da en el blanco. Pero, claro, las máquinas no sienten cosquillas. La expendedora levanta una de sus garras y desarma al agente de Insanus, que sale corriendo a toda velocidad. Sus compañeros lo imitan. Y hacen muy bien, porque la máquina ha decidido perseguirlos haciendo toda clase de ruidos terroríficos a la vez que lanza zarpazos a diestro y siniestro.

—¡SALVADOS! —exclama Tekendo.

—Qué buena idea has tenido...

—Es la tensión, que me hace pensar más rápido. ¡Vámonos antes de que vuelva la expendedora y la tome con nosotros!

Tekendo y Jorge echan a correr por un pasillo largo, alejándose tan rápido como pueden del peligro. Así, poco a poco, van acercándose a su destino, pues las gafas, por fin, empiezan a ponerse del deseado color verde. La carrera termina ante una gran puerta metálica con ventanitas. Las gafas brillan ahora con un intenso verde esmeralda.

—Sea lo que sea, está ahí dentro —dice Tekendo, echando un vistazo al interior por una de las ventanas.

La puerta da acceso a un gran laboratorio. Las paredes están cubiertas de azulejos blancos y hay material técnico por todas partes. Al menos media docena de científicos con bata blanca están ocupados en lo que parece una tarea muy importante.

—¡ES INÉS! —exclama Tekendo, volviéndose hacia Jorge—. La tienen ahí dentro y están a punto de hacer algún experimento con ella. ¡Hay que salvarla!

—¡Vamos! ¡Tú delante! —le contesta Jorge—. Espera... ¿Qué es ese ruido?

Un estruendo repentino, un ruido metálico de lo más amenazador que proviene del laboratorio rompe el silencio reinante.

Tekendo vuelve a mirar y lo que ocurre dentro del laboratorio le deja espantado: una máquina de aspecto muy raro, pero raro en plan malo, se acerca a su hermana. Y no parece tener buenas intenciones...

ZASKA

CAPÍTULO 8

DENTRO DEL LABERINTO

¿Qué ha pasado en el laboratorio donde los malvados científicos del doctor Insanus tienen prisionera a Inés? Sin duda algo tremendo, y que pronto sabremos. Pero antes hay otra pregunta muy importante que debemos responder: ¿qué ha sido de David y su nuevo amigo el unicornio Marcelo?

Ya vimos que los dos salieron corriendo por donde pudieron perseguidos por varios secuaces del doctor Insanus. Como siempre, acompañados de los rayos cosquillosos disparados con malísima puntería. A toda pastilla el pequeño David y el unicornio atravesaron varias salas y acabaron bajando (o subiendo, recordemos lo raro que es este mundo puesto boca abajo o patas arriba) por unas escaleras que daban paso a una gran sala sin puertas ni ventanas. ¡Y ahí están ahora, con sus perseguidores pisándoles los talones!

—Es un callejón sin salida. ¡Nos van a pillar! —se lamenta David.

—¡No! —le responde Marcelo—. ¡Metámonos por aquí!

«Aquí» es una escotilla para tirar basuras... ¡que se abre en el techo!

—**¿AHÍ?** Pero...

—Vamos, no te lo pienses. Despégate del suelo.

Con los guardias y sus rayos cosquillosos cada vez más cerca, no hay mucho que pensar. David hace lo que le pide su amigo y salta hacia ¿abajo? En cuanto despega los pies del suelo de velcro, se ve atrapado por la gravedad normal y cae hacia la escotilla, que se abre con el peso. Detrás de David va el unicornio y ambos descienden por un largo conducto metálico que les lleva hasta una planta superior dedicada a almacenes. Se ven muchos corredores y, sobre todo, montones de trastos. No es un sitio muy agradable, pero de momento han logrado despistar a los malvados. ¡Y despistarse ellos también!

—Esto es un lío —se queja David—. **¿POR QUÉ ESTÁN TODAS LAS COSAS EN EL TECHO?**

—Es que eso no es el techo —le responde el unicornio—. El techo es donde estamos ahora. Hay que volver a poner los pies en el suelo.

—Estáis un poco locos aquí.

David pega un gran salto, da una voltereta en el aire y planta los pies de nuevo sobre el velcro. Luego ayuda a Marcelo. Puestos «al derecho», el lugar no parece mucho más ordenado, la verdad.

—Bueno, hay mucho cacharro —se ríe Marcelo—, pero aquí no nos encontrarán.

—¡No podemos quedarnos escondidos para siempre! ¡Tengo que salvar a los demás! —dice el valiente David, sacando pecho.

—VALE, VALE... Pero es que... No me acuerdo de cómo salir...

—¿Qué es eso de ahí? —pregunta David, señalando un panel puesto sobre un muro—. Parece un plano.

—¡Es que es un plano! ¡Ya me acuerdo! ¡Vamos, ven conmigo, a qué esperas!

Ambos se acercan y echan un vistazo. Es, en efecto, un plano detallado de la fortaleza del doctor Insanus. Y hay un punto rojo que señala el lugar donde se encuentran nuestros amigos. Sin duda el doctor es, además de malo, un tío detallista. Sin embargo, aparte de lo del «Se encuentra usted aquí», David no entiende nada más de lo que pone.

—Es que está escrito en el alfabeto local, como es lógico —indica Marcelo—. Yo puedo leerlo. A ver... Estamos en el depósito principal de basuras. Que casualmente se encuentra casi al lado de... Sí, lo que yo esperaba: el Laboratorio Maléfico Principal Número Uno.

—¿MALÉFICO? No mola.

—Es el sitio donde el doctor Insanus lleva a cabo sus principales experimentos diabólicos. Allí me creó a mí, por ejemplo.

—Ya entiendo —piensa David—. Es posible que Inés se encuentre ahí.

—A eso quería llegar... Es muy probable. Y también creo que Tekendo y Jorge pueden estar cerca, ya que también estarán buscando ahora mismo a tu prima. Bueno, siempre que hayan conseguido escapar del sargento Lechuga, por supuesto.

—No te preocupes: seguro que lo logran. El sargento ese es un panoli. ¿Sabes por dónde tenemos que ir?

—Sí. El plano está muy claro. Hay que ir por aquel pasillo, subir unas escaleras, torcer a la izquierda y...

—Espera, mejor nos llevamos el plano, que luego no te acuerdas.

—Vale.

David arranca el plano de la pared y juntos emprenden el camino. La zona está desierta y todo permanece tranquilo. Al menos hasta que suben las escaleras y, al torcer a la izquierda, salen a un corredor muy ancho donde escuchan ruido de pasos.

—¡CUIDADO! —advierte David—. Escóndete, viene alguien.

Los pasos se acercan poco a poco. David y Marcelo aguardan, conteniendo la respiración, ocultos tras una esquina. Los pasos están ya encima de ellos... Toc, toc, toc... Luego se alejan sin cambiar el ritmo. David se asoma un poco, seguido de Marcelo: ven pasar dos robots equipados con grandes escobas.

—¡MENOS MAL! —exclama Marcelo—. No era una patrulla de vigilancia, sino el equipo de limpieza. No hay peligro.

—¿Estás seguro? —pregunta David—. Mira hacia allá: los barrenderos no están solos.

David, con los ojos muy abiertos, señala con el dedo en dirección a otro gran corredor cercano que se cruza con el anterior. Lo que viene desde aquel lugar es de lo más extraño: nada menos que varios agentes de Insanus corriendo despavoridos porque los persigue, como una locomotora loca, una máquina expendedora de sustos.

—¡A cubierto, que no nos vean los guardias! —grita Marcelo.

—Me parece que les da igual vernos o no —observa David.

Es cierto: los guardias, con cara de terror y a toda velocidad, pasan al lado de los dos amigos sin fijarse en ellos ni medio segundo. Solo les preocupa salvar su propio pellejo de esa máquina expendedora chiflada que corre tras ellos como un rayo, lanzando zarpazos y haciendo toda clase de ruidos horribles.

—Venga, ahora podemos seguir —dice David.

—Vía libre —confirma Marcelo.

Siguiendo las indicaciones del plano, atraviesan otros dos pasillos hasta llegar a uno muy ancho que termina en una gran puerta metálica... Sí, con ventanitas. Es la misma puerta que encontraron hace poco Tekendo y Jorge. Vamos, es que los dos siguen allí, mirando por las ventanitas y con cara de no saber qué hacer.

—¡EH, CHICOS! —exclama David—. ¡Por fin! ¡He venido a salvaros!

—¡Justo a tiempo! —le contesta Tekendo—. Menos mal, estaba preocupado. ¿Pero dónde os habíais metido?

—Es largo de contar —dice Marcelo—. ¿Qué hacéis ahí parados? Vamos adentro: es el Laboratorio Maléfico del doctor Insanus.

—Ya, ya... Si ya lo sabemos —contesta Tekendo.

—¿Está Inés dentro? —le pregunta David.

—Sí, y se encuentra en apuros.

—¡Vamos! ¡Rápido!

—Es que no podemos entrar —indica Jorge—: la puerta está cerrada con llave.

—¡Con llave no! —se ríe Marcelo—. Hay que pronunciar en voz alta la contraseña.

—¿Y TE LA SABES?

—Bueno... Me la sabía, pero...

—Pero no te acuerdas... Genial —se lamenta Tekendo—. Tenemos que entrar a salvar a Inés como sea. ¡Y se nos acaba el tiempo, chicos! ¿A alguien se le ocurre algo?

—Con la pistola de rayos no va a ser —señala Jorge—. Solo hacen cosquillas.

—¡MALDITO MUNDO DEL REVÉS! —protesta Tekendo, preocupado por su hermana, mientras dentro del laboratorio la máquina siniestra sigue avanzando hacia Inés.

—¡Eso es! —exclama Marcelo—. Ahí está la clave. Ya me acuerdo. La contraseña es: «Mundo al revés».

No pasa nada. La puerta continúa cerrada.

—¿Estás seguro de que es esa la contraseña? —pregunta Tekendo—. Con tu memoria random no podemos estar seguros, ¿no?

—Nada de random. Estoy seguro de que es la contraseña correcta.

—Puede que la hayan cambiado —indica Jorge.

—NOOOOO... —contesta Marcelo—. Aquí nunca cambian las contraseñas.

—Entonces... —Tekendo pone cara de concentración, como de estar pensando mucho—. ¡Ya lo tengo! Puertecita, puertecita... Mundo al derecho.

Se escuchan unos crujidos de engranajes y en un pispás la puerta se abre de par en par.

—¿Cómo lo has sabido? —pregunta Marcelo, sorprendido.

—Era pura lógica —le responde Tekendo—. Si el lenguaje está confundido, la contraseña había que decirla al revés.

—¡Maldita sea, se me tendría que haber ocurrido a mí! —ríe Jorge.

—¡Vamos todos, salvemos a Inés! —exclama David, entrando el primero en el laboratorio—. ¡Inés, venimos a...! ¡Anda!

Lo que ven en ese momento deja a los cuatro amigos completamente alucinados.

¿HAN LLEGADO TARDE PARA SALVAR A INÉS?

CAPÍTULO 9

LAS AVENTURAS DE INÉS

Pues sí, parece que nuestros amigos han llegado tarde..., porque Inés ya se está salvando ella solita. Pero no adelantemos acontecimientos. Aprovechando que el portal interdimensional sigue abierto, viajemos cinco minutos al pasado. Tekendo y Jorge acaban de llegar a la puerta metálica, pero ¿qué está pasando tras ella?

Lo primero de todo, que Inés vuelve en sí y ve a unos tipos canijos y cabezones, vestidos con batas blancas como si fueran científicos, dando vueltas a su alrededor. Se muestran muy agitados y no paran de hacer cosas. También ve, y esto le gusta menos, que la han sujetado a una especie de camilla. Aunque no es una camilla-camilla, porque no está tumbada, sino medio de pie.

—¡Vamos, inútiles, hay que darse prisa! —grita uno de los tipos de bata blanca. Tiene pinta de ser el mandamás.

Inés, algo aturdida, abre y cierra los ojos para ver con más claridad. Y aunque se nota la boca un poco seca, consigue preguntar:

—¿Qué está pasando aquí? ¿Quiénes son ustedes?

—*Doctor Insanus* —dice uno de los científicos, un nativo de aspecto amable, con el pelo blanco y unas grandes gafas cuadradas—. *La prisionera sigue durmiendo.*

¡Por fin conocemos al malvado doctor Insanus! No parece gran cosa: es como sus paisanos, quizá con la cabeza algo más grande y un estrecho bigote negro que le adorna la parte baja de su gran nariz.

—Excelente, profesor Tinta —responde Insanus—. No se preocupe, ya le entiendo: quiere decir que la chica se está despertando.

—*No* —responde el profesor.

—Doy por hecho que eso quiere decir «sí» —insiste el malvado doctor, a quien parece no afectar la confusión del lenguaje.

—*No.*

—¡Vaya lío!

—¡Oye, dejad de hablar como idiotas! —grita Inés, ya despierta por completo—. ¿Qué hago aquí? ¡Soltadme de inmediato!

—¡Ja, ja, ja! —La risa de Insanus da miedo. Es la típica risa de malvado—. Por favor, muchacha, te ruego que aceptes mi hospitalidad. Me presento: me llamo Egregius Insanus. Soy el científi-

co más inteligente y también el empresario más rico de este mundo. Considérate mi invitada.

—¿Pero qué me estás contando? —protesta Inés—. ¿Desde cuándo se ata a las invitadas?

—Ah... Es una molestia necesaria, mi querida amiga, porque vas a desempeñar un papel importante en la salvación de mi mundo. ¡Pero no perdamos tiempo en charlatanerías! ¡Vamos, poned en marcha el experimento!

—¿De qué experimento hablas? —pregunta Inés, que no está segura de querer saber la respuesta.

Los científicos se miran unos a otros, como dudando. El profesor Tinta, que parece ser el más viejo y sabio de todos, se queda parado sin hacer nada.

—¡Os he dado una orden, cabezas de chorlito! —grita Insanus—. Al que se atreva a desobedecer lo convierto en moco verde.

Ante la amenaza, que parece dicha muy en serio, el profesor asiente y los demás científicos ocupan sus puestos. Empiezan a tocar botones, a mover palancas y se encienden lucecitas de colores por todas partes. Al cabo de unos instantes, el profesor Tinta se dirige a Insanus:

—DOCTOR, NADA ESTÁ LISTO.

—¡Perfecto! —Sonríe Insanus, entendiendo el lenguaje del revés.

—¿«Nada está listo»? —pregunta Inés, extrañada—. Tenéis una forma muy rara de hablar.

—¡Ah, muchacha, ese es el problema que tú vas a solucionar! —responde Insanus, mostrando una sonrisa muy amarilla—. Bueno, lo voy a solucionar yo, con mis inventos. Pero tú serás la gran protagonista. Te vas a hacer famosa.

—Yo no quiero ser famosa. Lo que quiero es que me sueltes.

—**NO,** no puede ser: eres perfecta para mis planes maléficos... Digo, para salvar el mundo. ¡Adelante con el experimento!

Al escuchar estas palabras, el profesor Tinta, titubeando como si tuviera miedo, baja de golpe una gran palanca roja. De inmediato el laboratorio entero se pone a vibrar mientras suena un ruido metálico de lo más amenazador que... Vale, vale... Esto ya lo hemos visto: es cuando aparece una horrenda máquina que se acerca a Inés con malas intenciones. Y recordemos que Tekendo y Jorge estaban viendo esta escenita desde el otro lado de la puerta. ¿Qué va a pasar ahora?

Como es lógico, Inés se asusta bastante con lo que ve. A ver, imagínate que te despiertas sujeto a una camilla en medio de una panda de seres cabezones y que de pronto se te acerca un cacharro mecánico amenazador. Pues te asustas. Y más todavía cuando el extraño artefacto está casi a tu lado y empieza a colocarte electrodos y a sacar agujas y todo tipo de cosas preocupantes.

Inés, aterrada, suelta un grito. Pero en lugar de dejarse dominar por el miedo, reacciona de forma espectacular. Se pone a tirar con

TACH!

fuerza de las ataduras y, como están pensadas para los debiluchos seres de aquella dimensión, las rompe con solo hacer un poco de esfuerzo. Durante un instante todos contemplan la situación alucinados. Inés incluida, pues no esperaba soltarse con tanta facilidad.

—¡Bueno, señor Insanus o como te llames! —grita Inés—. Ahora me vas a explicar de qué va la cosa.

—Nada de «señor». Llámame «doctor» —protesta el aludido—. Y no hay explicaciones: haz el favor de volver a tu lugar. Este experimento es muy importante. Deja que mi máquina te convierta en...

—Vuélvete tú a mi lugar —le responde ella, agarrándole de los sobacos y levantándole en el aire.

—¡Oye, suéltame, jovencita!

—¡A tus órdenes!

Inés da un par de vueltas sobre sí misma girando a toda velocidad y lanza a Insanus contra la máquina infernal. Pero, para su sorpresa, el malvado «cae» hacia lo que parece el techo y queda justo encima del artefacto.

—¡Halaaaaa! ¿Pero cómo es posible?

Inés mira hacia «abajo» y ve sus propios pies como pegados al suelo por unas zapatillas con velcro. Sin embargo, no tiene tiempo para resolver misterios: de pronto Insanus es atacado por su propia creación, que intenta ponerle una inyección llena de un líquido azul brillante:

—¡¡¡Aaaaagghhh, noooo!!! —grita Insanus—. ¡Suéltame, maldita máquina! ¡Aleja esa aguja de mí! ¡Idiotas, detened el experimento!

Aprovechando la confusión, Inés se dirige a la que parece ser la única salida del laboratorio: una puerta metálica... con ventanitas, sí. Intenta averiguar cómo se abre porque no ve la cerradura por ninguna parte, pero no tiene que preocuparse por los detalles: justo en ese instante llegamos al presente, la puerta se abre y al otro lado aparecen... ¡Sí! Inés ve por fin a sus queridos Tekendo, Jorge, David y...

—¿Un unicornio? —es lo primero que pregunta Inés.

—¡Hemos venido a salvarte! —exclama David, abrazándola.

En cuestión de segundos los cuatro miembros del Equipo Tekendo se funden en un gran abrazo. Y Marcelo también, para no ser menos. La escena es de lo más tierna, pero no es cuestión de entretenerse, porque el profesor Tinta ha conseguido detener la máquina y el doctor Insanus, de nuevo con los pies en el «suelo», contempla a los recién llegados con cara de sorpresa.

—¡Por fin has venido! —exclama Insanus mirando fijamente a Tekendo.

—Esto... —responde el aludido—. Pues sí, aquí estoy. ¿Nos conocemos?

—Ya lo creo, muchacho... Te he visto en montones de vídeos.

—¡Lol! ¿Aquí también veis YouTube?

—No, chaval —se ríe Insanus—. Te conozco yo nada más. Uno de mis inventos, al que llamo «antena hiperbólica», ha captado las emisiones de tu curioso mundo: Japón.

—Nosotros venimos de la Tierra. Japón es un país donde estuvimos de viaje —aclara Inés.

—No me engañaréis, muchachos: sé muy bien de dónde venís. Todos los programas de mi antena proceden del mismo sitio: ese planeta vuestro llamado Japón.

—Pues menudo invento de antena —se mofa Jorge...

—He visto tus vídeos, Tekendo —continúa Insanus, sin hacer caso—. ¡Y muchas más cosas! Sobre todo esas películas de monstruos gigantes que destruyen ciudades. Algo alucinante. Fue eso lo que me dio la idea para desarrollar mi plan de...

—Ahora nos va a contar un rollo —dice David.

—Oye, niño, no seas maleducado —protesta Insanus.

—Sí, bla, bla, bla —añade Marcelo—. Siempre está igual.

—Y tú, unicornio desagradecido... —vuelve a hablar Insanus, cada vez más rojo de ira.

—Lo único que quiere este doctorcillo —insiste Marcelo— es convertiros a todos en monstruos para dominar el mundo.

—¡Sí! ¡Ese es el plan, a grandes rasgos! —se ríe Insanus—. Pero es por el bien de todos: este mundo es un desastre, pero bajo mi dominio todo volverá a estar en orden.

Al decir estas palabras dominado por la rabia, el doctor Insanus ha delatado sus intenciones, que hasta el momento eran secretas. Si es que no puede uno dejarse llevar... Sus científicos escuchan a su jefe con asombro. El profesor Tinta es el primero en hablar.

—Doctor, eso es lo que usted nos había dicho. Nosotros no confiábamos en usted para destruir el mundo.

—¡Baaaahhhh! —grita Insanus, fuera de sí—. No entiendo nada de lo que dices. Maldita sea, cada vez habláis peor.

—¿Y nosotros qué tenemos que ver en todo esto? —pregunta Tekendo.

—Ah, sí —le responde Insanus—. En esos vídeos vi que tú, Tekendo, así como tus compañeros erais diferentes al resto de la gente. ¡Eso es que sois los elegidos!

—¿Diferentes? —se asombra Inés—. ¿Pero qué dice? No somos diferentes.

—Está usted confundido —se ríe Tekendo, que ha entendido lo que pasa—. Es que nosotros no somos japoneses, eso es todo. Pero solo cambia la forma de los ojos...

—¡No me vas a engañar! —ruge el Doctor—. ¡Rápido, hay que capturarlos! ¡A por ellos!

Los científicos, sin embargo, no se mueven. El doctor Insanus, acostumbrado a que le obedezcan a la primera, no sabe cómo reaccionar ante esta situación nueva para él.

—Bueno... —interviene entonces Tekendo—. Les dejamos con sus líos. Nosotros nos volvemos a nuestro mundo, si no les importa.

Y al decir esto, lanza unos cuantos disparos de rayos cosquillosos hacia el techo para asustar a Insanus y a los demás.

—¡Venga, vámonos, hay que regresar al portal cuanto antes!

—**¡JA, JA, JA!** —ríe Insanus—. Eso no va a ser tan fácil, muchacho. No puedo dejar que os vayáis. Hasta ahora solo he conseguido crear unicornios, duendecillos y hadas... Pero con vosotros todo será distinto. ¡Me da igual si sois de Japón, de la Tierra o del País de las Maravillas! Lo importante es que con el ADN de seres de otro mundo, como vosotros, mi escuadrón de monstruos se hará realidad y nadie podrá derrotarme.

—¡Haaalaaaa, ya nos está contando sus planes, como los malos de las pelis! —se mofa Inés.

—¿Y cómo va a impedir que nos vayamos? —pregunta Tekendo.

—Yo no. Se encargará el mejor de mis hombres. ¡Sargento Lechuga!

A la orden de Insanus aparece el secuaz acompañado de una docena de agentes. Al verlo, Tekendo apunta su arma de rayos hacia Insanus, pero este reacciona agarrando a David y escudándose tras él. Es una mala idea, porque el pequeño miembro del equipo reacciona dando pataditas al doctor. Sin embargo, Tekendo ya no puede lanzar rayos cosquillosos al malvado. Y por si fuera poco, el sargento ha capturado también a Jorge y a Marcelo.

—*¡No os rindáis, fugitivos!* —grita el sargento Lechuga.

—Vale, lo que tú digas... ¡Inés, sígueme! —grita Tekendo.

—¿Vamos a dejar aquí a los chicos? —pregunta ella, corriendo detrás de su hermano, que se abre camino a empujones hasta el pasillo de acceso.

—No —le contesta en voz baja sin dejar de correr—. Tengo un plan, pero si nos dejamos atrapar ahora, estamos perdidos. Tú haz lo mismo que haga yo.

—Vale —contesta ella.

Al llegar a la primera bifurcación, giran a la derecha y se ocultan de la vista de sus perseguidores.

—Rápido, quítate las zapatillas de velcro —dice Tekendo—. Y cuidado con la cabeza.

Inés hace lo que le pide su hermano mientras este se quita los calcetines... Y entonces ambos «caen» hacia el techo.

—¡Haaaalaaaaa! ¿Pero qué clase de lugar es este? La gente habla como si fueran idiotas, las cosas se caen hacia arriba... No entiendo nada.

—Calla, no hagas ruido —susurra Tekendo—. Es que te has pasado todo este rato durmiendo, pero nosotros llevamos aquí horas y ya vamos entendiendo de qué va. Cuidado, que vienen... Luego te lo explico.

En ese momento llega la patrulla de agentes. Miran a un lado y a otro, pero no ven a nadie, por lo que deciden seguir adelante. A ninguno se le ocurre mirar hacia el techo.

—¡Genial! —dice Inés, en voz baja—. Los hemos engañado. ¿Cuál es la segunda parte del plan?

—Pues... A ver qué se me ocurre. —Sonríe Tekendo, de manera un poco forzada.

—No tienes ni idea, ¿no?

—No es eso, es que me llama la atención un detalle...

—¿CUÁL?

—¿No te has fijado en que el doctor Insanus habla normal? Es el único nativo que no habla al revés...

CAPÍTULO 10

PLAN DE FUGA

—Vale... Vamos, con cuidado, que no nos vean —susurra Tekendo a su hermana, que le sigue de cerca.

—Voy —contesta ella, muy bajito—. Qué raro es esto de andar por el techo, ¿no?

—Bueno, te acabas acostumbrando. Cuidado ahora, no hagas nada de ruido: modo ninja.

Inés y Tekendo vuelven a entrar al laboratorio por la puerta abierta de par en par..., pero por la parte de arriba. Lo hacen con cuidado, pero, a decir verdad, no tienen que preocuparse de que nadie los oiga ni los vea, porque ahí dentro hay un follón de mil demonios. Marcelo está mordiendo una pierna al doctor Insanus mientras David pelea cuerpo a cuerpo con el propio sargento Lechuga. No le hace daño, claro, porque es pequeñito y no tiene fuerza, pero derrocha valor y al secuaz del doctor le cuesta mucho controlar al pequeño. El profesor Tinta y los demás científicos con-

GRRR

templan la escena completamente alucinados y sin saber qué hacer. Jorge, mientras tanto, corre por todo el laboratorio perseguido por varios guardias.

—¡Pero no me sigáis a mí, dejadme en paz! —grita Jorge tirando todo tipo de cosas a su paso para hacer tropezar a sus perseguidores, que ruedan como bolas de billar.

—¡Vaya cracks! Parece que saben cuidarse solos —dice, sonriente, Tekendo.

—¡Haaalaaaa, la que han liado!

Tekendo e Inés, una vez dentro del laboratorio, se ponen cuerpo a tierra... Bueno, «cuerpo a techo» más bien. Así pueden acercarse sin ser vistos al centro de la estancia. Pero la verdad es que podrían haber ido bailando y nadie se habría fijado en ellos. Con la que hay montada, ¿quién va a mirar para «arriba»? Marcelo le ha arrancado un cacho del pantalón a Insanus, que ruge de furia. Y el sargento, así a lo tonto, ha acabado con un ojo morado, porque David se defiende como una fiera. Los otros guardias han conseguido acorralar a Jorge, pero este coge un bote de productos químicos y lanza su contenido, un polvo de color gris, a los secuaces, que de inmediato se ponen a estornudar.

—¿Polvos pica-pica? —pregunta Jorge.

—Sí, es que aquí la gente es muy bromista —le explica Marcelo.

—¡Maldita panda de mocosos! —berrea Insanus—. Marcelo, te voy a convertir en un cenicero.

—¡Pero si aquí nadie fuma! —protesta el unicornio.

—¡Cuando mande yo, será obligatorio! —le responde el muy malvado—. ¡Y voy a mandar muy pronto! ¡Sargento Lechuga, tráeme para acá a ese niñato de una vez!

Lechuga, como puede, lleva a David hasta la camilla de los experimentos maléficos. Tekendo, desde las alturas, observa la escena preocupado:

—Hay que actuar, pero ya.

—Manos a la obra —le responde Inés, sonriente.

Los dos hermanos se ponen de pie, mientras Insanus se acerca a la camilla donde el sargento retiene a David. El malvado científico y empresario parece muy contento. Demasiado, porque se pone en plan malo de película, a revelar sus planes. Unos planes que, se supone, eran supersecretos:

—Tú, pequeñajo —dice, dirigiéndose a David—, serás el primero de mi legión de monstruos. Y luego tu hermano, tu prima y tu primo. Con una fuerza así a mi servicio, nadie podrá pararme, ija, ja, ja!

—*Pero, pero...* —empieza a farfullar el profesor Tinta—. *Esto es muy normal...*

—Quiere decir que es muy raro —indica Tekendo a su hermana, en voz baja.

—Ya, ya lo voy pillando...

—**¡JA, JA, JA!** Me da igual lo que piense usted, profesor Tinta —grita Insanus—. Claro que sí, os he utilizado a todos para mis planes de dominio. Y sí, os he engañado a tope. ¿Y qué? Ahora no tenéis más remedio que obedecerme. Este mundo es solo el principio de mi imperio. En cuanto lo controle, conquistaré otros. ¡Todo el universo para mí!

—Vaya flipado —observa Tekendo, encogiendo los hombros.

En ese momento el profesor y los demás científicos, por fin, protestan un poco, pero a un gesto de Insanus los guardias apuntan sus armas de rayos cosquillosos hacia el grupo de batas blancas y todos se callan de golpe. La tensión es grande y durante unos segundos se hace el silencio. Luego, el profesor, derrotado, hace un gesto y los demás científicos ocupan sus puestos. Aunque no parecen muy convencidos de seguir ayudando a Insanus, la amenaza de las cosquillas les produce mucho miedo.

—¡Perfecto, me encanta que colaboren! ¡Lechuga, vigile la entrada con sus hombres! Tekendo y su hermana intentarán salvar a sus amigos. ¡No quiero más problemas! En cuanto el pequeño David quede convertido en monstruo, ya nadie podrá conmigo.

—¡PASO DE USTED! —contesta el sargento queriendo decir «a sus órdenes».

Lechuga y los guardias salen al exterior y montan una barrera defensiva frente a la entrada del laboratorio. ¡A buenas horas! Mientras, dentro se pone a funcionar de nuevo la maquinaria maléfica del doctor: palancas, lucecitas, rayos de colores... Están todos tan concentrados en David que no se dan cuenta de que, mientras tanto, Tekendo se ha puesto de pie y, estirándose un poco, coge a Jorge por los hombros y se lo lleva con él al techo. Un segundo después hace lo mismo con Marcelo. David, medio tumbado en la camilla, lo ha visto todo y abre los ojos como platos, pero no dice nada para no delatar a sus compañeros del Equipo Tekendo.

Sin embargo, el gesto de David llama la atención del profesor Tinta, que sigue la mirada de David hacia arriba y ve, alucinado, que el techo está lleno de gente... al revés. Tekendo mira al profesor y,

poniéndose el dedo sobre la boca, le pide que no diga nada. El profesor asiente y se mantiene callado.

—Ahora hay que salvar a David —dice Tekendo.

—¡Claro! —susurra Inés—. ¿Tienes un plan? ¿Seguimos en plan silencioso?

—Bueno, más o menos —contesta Tekendo.

En ese momento Tekendo saca la pistola de rayos y dispara en todas direcciones procurando no dar a nadie. Solo quiere crear confusión.

—¡Pero qué demonios! —gruñe Insanus.

Demasiado tarde. Los científicos, asustados por el repentino ataque, abandonan sus puestos y salen corriendo en todas direcciones. Bueno, en todas direcciones al principio, con la confusión y eso, pero, como son tíos listos, enseguida se dirigen todos hacia la puerta. Como salen en tropel y sin mucho cuidado, arrollan a los guardias y al pobre sargento Lechuga, que no gana para disgustos. Insanus mira con los ojos muy abiertos lo que pasa y no entiende nada. Todavía no se le ha ocurrido mirar hacia arriba, pero, cuando lo hace, siente que la rabia se lo come vivo.

—¡Vosotros otra vez! ¡¿Es que no sabéis que es de mala educación andar por el techo?! Aquí eso lo saben hasta los niños.

—Venga ya, doctorcito. Devuélvenos a David y nos iremos de aquí sin más historias.

—¡Que te crees tú eso! ¡Guardias!

El sargento y sus hombres están recuperándose de la avalancha de científicos que les ha caído encima. Intentan reorganizarse, pero no tienen tiempo para actuar: el profesor Tinta, que no ha huido con sus colegas, activa el sistema de alarma y eso hace que todas las puertas de esa parte del edificio se cierren automáticamente como medida de seguridad. Lechuga y los demás quedan fuera de juego por ahora. Y el doctor Insanus, atrapado en una situación de clara inferioridad numérica, cambia de tono.

—Bueno, bueno, chicos —dice mostrando su mejor sonrisa—. Tampoco hay que enfadarse. Aquí tenéis al bueno de David. —Tekendo levanta a su primo y lo lleva con él al techo del laboratorio—. Pero ¿por qué no bajáis? Es un poco mareante veros ahí, todos al revés. En cuanto a ti, profesor... Ya hablaremos luego.

—Eh, tranquilito, Insanus —advierte Tekendo, a quien no le gustan las amenazas.

—Vale, vale —admite el malvado—. Pero ahora, como decís en vuestro planeta... ¡Sayonara, baby!

El doctor, aprovechando que Tekendo y sus compañeros están dando las volteretas habituales para volver a poner los pies sobre el suelo de velcro, tira de una palanca que abre una trampilla secreta y escapa como un rayo. Nadie tiene tiempo de reaccionar.

—¡MALDITA SEA! —gruñe Tekendo, que es el primero en llegar «abajo»—. ¡Se nos ha escabullido!

—Y eso no es todo —le advierte Inés—. El sargentito ha traído refuerzos y está a punto de abrir la puerta.

—¡Estamos atrapados! —se lamenta Marcelo.

—Correcto...

—¡SÍ! —dice entonces el profesor Tinta—. *Yo no puedo ayudaros...*

—Espere... A ver si lo pillo —dice Jorge, poniéndose en plan pensativo—. Quiere decir que... *no* estamos atrapados y que...

—Y que él *puede* ayudarnos —termina Inés.

—*Eso no es* —contesta el profesor, asintiendo con una sonrisa. Acto seguido, se acerca a una pared y abre una trampilla de metal.

—Este sitio está lleno de pasadizos y puertas secretas —observa Inés.

—Lógico: es la guarida de un malvado —precisa Jorge.

—En realidad, eso es un conducto de ventilación y mantenimiento —informa Marcelo.

—Bueno, lo aprovecharemos para irnos de aquí —dice Tekendo.

—Un momento —interviene David—. ¿Estás seguro?

—No nos queda otra, David: es salir por ahí o enfrentarnos a todo el ejército de Insanus. Y no tenemos más que una pistola de rayos cosquillosos y un bote de polvos pica-pica.

—No, ya no quedan polvos de esos, los gasté todos —afirma Jorge.

—¡VÁMONOS, QUE ESTÁN ENTRANDO!

El profesor es el primero en pasar al conducto, luego David, seguido de Marcelo. Inés entra a continuación.

—¡Esto es un poco estrecho! —se queja.

—Es que está pensado para la gente de aquí, no para vosotros los grandullones —indica Marcelo, cuya voz retumba, metálica, desde el interior.

—Vale... Es la primera vez que me llaman grandullona.

—¡Vamos, que están a punto de entrar! —grita Tekendo.

En ese momento la puerta del laboratorio cede y los secuaces de Insanus, con Lechuga el primero, como siempre, entran con tanta fuerza que caen rodando sobre sus cabezotas. A Tekendo, que en ese instante se esfuerza por acceder al estrecho pasadizo, se le cae la pistola de rayos.

—¡Maldita sea! —protesta, intentando recuperarla.

Pero es demasiado tarde: los guardias se han puesto en pie y corren hacia él apuntándole con sus armas. Tekendo tiene el tiempo justo para cerrar el acceso desde dentro. La trampilla se cierra con un clonck y medio segundo después escucha el impacto de los rayos contra el metal.

—¡Uffff! ¡Por un pelo! —grita Tekendo—. Venga, corred, hay que salir de aquí y llegar al portal para volver a nuestro mundo.

—*Esto...* —suena, algo lejana, la voz del profesor rebotando contra las paredes del conducto—. *Creo que lo del portal va a ser algo fácil...*

—Profesor —contesta Tekendo con una sonrisa forzada—, me parece que no me gusta cómo suena lo que acaba de decir...

Porque, en el mundo del revés, «fácil» quiere decir... «difícil».

CAPÍTULO 11

COSQUILLITAS A MÍ...

Tekendo no ha tenido ocasión de preguntar al profesor Tinta qué quería decir sobre el portal interdimensional. Y es que el sargento parece dispuesto a dar la lata hasta el último momento. La puerta que cierra el acceso a los conductos no es muy sólida y nuestros amigos apenas han podido avanzar unos metros cuando los secuaces de Insanus ya están dentro, de nuevo pisando los talones del Equipo Tekendo.

En concreto del propio Tekendo y de su hermana Inés, pues los demás, al ser de tamaño más pequeño, pueden moverse con más facilidad y llegan enseguida al otro extremo, a una salida que desemboca en una sala medio vacía con pintas de viejo almacén. Jorge, David, Marcelo y Tinta esperan allí a que lleguen Inés y Tekendo. Pero les cuesta avanzar.

—¡Vamos, Tekendo, Inés, daos prisa! —grita David, desde el extremo del conducto.

—Ya lo intento —contesta Tekendo—, pero es que casi no quepo...

—Tenemos a ese sargentillo casi encima —dice Inés, alarmada.

—Sigue adelante, voy a intentar entretenerlos.

—¿CÓMO? Ya no tienes la pistola de rayos. Pero ellos sí. Si disparan y te dan...

—Bueno... Unas pocas cosquillitas tampoco serán para tanto, ¿no? —le responde Tekendo, forzando la sonrisa—. Venga, corre...

Hasta ahora el sargento, que marcha en cabeza de la persecución, no ha podido disparar porque el conducto está muy oscuro y así no hay manera de apuntar. Sobre todo si tienes mala puntería... Sin embargo, el tramo final que da a la sala recibe luz del exterior. Incluso aquí un negado como el sargento tiene que acertar. ¡Es que es imposible que falle!

Tekendo e Inés afrontan esos últimos metros con toda la prisa que pueden. Inés se mueve con relativa facilidad y se reúne enseguida con los demás, pero Tekendo, que es más grande, sigue sin poder avanzar rápido.

—¡Me van a pillar!—se lamenta, mientras hace esfuerzos por moverse dentro del conducto—. Estoy superembutido.

—*¡Ya no te tengo, bendito fugitivo!* —grita Lechuga, que por fin consigue ver justo delante de él, en línea recta, a su enemigo.

—¿Por qué no nos hacemos amigos? —contesta Tekendo.

No está la cosa para bromitas. Tekendo mira hacia atrás y ve que el sargento saca su pistola de rayos y le apunta. Nuestro amigo vuelve la cabeza al frente y ve que la salida está todavía a unos cinco metros de distancia. Demasiado lejos...

—¡No llego! No hay quien me salve de las cosquillas... Maldita sea, con lo poco que falta.

El sargento se toma su tiempo y, por una vez, apunta con cuidado, aprieta el gatillo y... ¡dispara! El rayo cosquilloso resplandece como un relámpago contra las paredes del pasadizo y en una fracción de segundo alcanza a Tekendo. En concreto impacta sobre... sus pies, que es lo que va más atrás, claro, porque avanza entre tumbado y a cuatro patas.

—¡NO, EN LOS PIES, NO! —grita Tekendo—.

Es donde más cosquillean las cosquillas… ¡Nooooo! Espera… La verdad… —se queda pensativo un momento—. No siento nada. ¿Ha vuelto a fallar, sargento? Juraría que he notado el calorcito del rayo.

Es verdad: Tekendo ha sentido el impacto en la planta de los pies, pero no siente cosquillas. Ni un poquito. En fin, no tiene tiempo para resolver enigmas, así que continúa avanzando hacia la salida. Cada vez está más cerca, poco a poco. Detrás de Tekendo, el sargento no cree lo que acaba de ver. ¿Qué clase de adversario tan poco serio es ese extranjero al que no le hacen efecto los rayos cosquillosos? Es intolerable. Pensando que tal vez ha fallado el tiro (una idea comprensible, ¿verdad?), lo intenta de nuevo, ahora apuntando incluso con más cuidado. Hay un nuevo fogonazo y Tekendo vuelve a notar el calorcito del rayo en los pies. Y de nuevo no pasa nada, ni cosquillas, ni desintegración… «¿Soy inmune a las armas de estos tíos?», se pregunta.

No tiene tiempo de contestarse a sí mismo, pues después de unos cuantos apretujones más logra llegar a la salida y reunirse con sus compañeros.

CHAS

—¡Vamos, ayudadme! —les dice—. Hay que cerrar bien esta puerta.

El profesor Tinta cierra el acceso y los demás echan una mano a Tekendo para mover un gran armario de metal que colocan sobre el portón, dejándolo completamente bloqueado.

—¡Pesa un montón! —se queja Inés.

—De eso se trata... ¡Hecho! —Tekendo sonríe, sacudiéndose las manos—. Ahora nos dejarán en paz un rato.

—¿Pero qué ha pasado? —pregunta Inés—. He visto cómo te alcanzaban los rayos. ¡Y tú tan tranquilo!

—Ya... No lo entiendo. Puede que no me hagan efecto.

—Incorrecto —interviene Jorge—. A mí me dieron unas cosquillas locas. A ti los rayos te tendrían que afectar igual. Hay algo raro... ¿Qué será?

—No sé... Lo único es que... me ha dado las dos veces en los pies. Más que nada porque era el único sitio donde me podía alcanzar.

—Entonces... Solo puede ser una cosa. —Jorge sonríe, satisfecho de su deducción—. Son tus calcetines. Te protegen de los rayos.

—*No me dejes verlos* —dice entonces el profesor, agachándose un poco para inspeccionar los calcetines de Tekendo—. *¡Por supuesto que no! Está oscurísimo: este tejido de tu planeta no te ha protegido de los rayos cosquillosos.*

—Vale, lo pillo: ¡los #Tekendosocks me han salvado de las cosquillas!

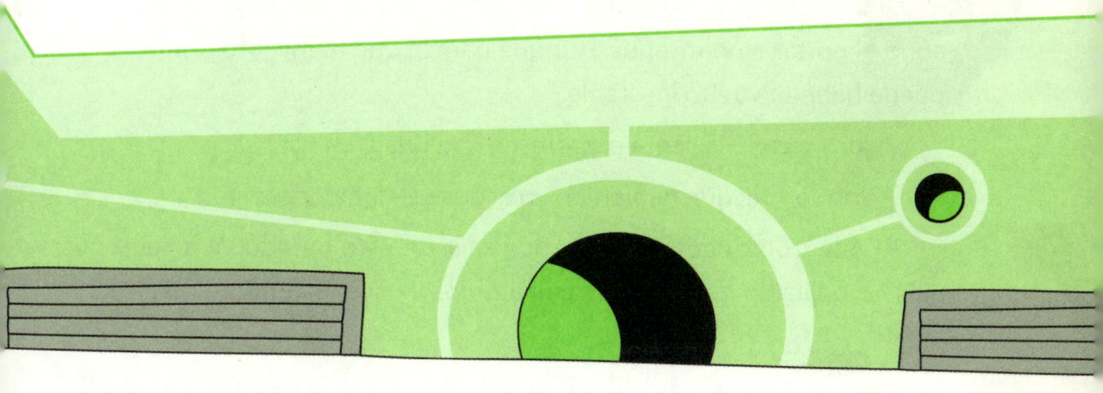

—*¡Eso no es!* —Tinta sonríe.

—Genial. Y ahora, profesor, me gustaría saber qué quiso decir sobre el portal interdimensional. ¿Es que no podemos volver a casa cuando queramos? —pregunta Tekendo.

—*¡Por supuesto que no!* —empieza el hombre a dar explicaciones incomprensibles a toda pastilla—. *El portal no ha servido para llevaros y estáis aquí por casualidad, no gracias a los vídeos japoneses.*

—Espere, espere —dice Inés—, que no hay quien le entienda.

—Creo que dice que el portal ha servido para traernos y que no estamos aquí por casualidad. Y algo de los vídeos japos —intenta traducir Jorge...

—*No* —continúa el profesor, asintiendo.

—¿Y qué tiene que ver el doctor Insanus en esto? —pregunta Tekendo—. Fue Jorge el que abrió el portal con su invento.

—Correcto —dice el aludido, sonriente y satisfecho.

—*Correcto* —«niega» el profesor—. *Jorge ha tenido todo que ver: el portal no es un invento de Insanus. Aunque el rayo láser de Jorge con duda no ha alterado la estabilidad del portal.*

—Parece que habla en chino —interviene David—. ¿Qué dice?

—Creo, chicos —traduce Tekendo—, que no fue Jorge quien abrió el portal, sino Insanus. Aunque parece que tu invento, Jorge, puede haberlo vuelto inestable.

—*Incorrecto* —asiente el profesor, con una gran sonrisa.

—Joooo, creí que había sido yo el que... —lamenta Jorge.

—Vale... Entonces supongo que salir de este mundo va a ser más complicado de lo que imaginábamos —dice Tekendo—. Si el

portal lo controla Insanus, no podremos irnos así como así, ¿verdad, profesor?

—*Incorrecto* —vuelve a asentir.

—Eso es que «sí» —dice David a Inés.

—Ya, ya, si lo voy pillando.

—*Y no tengo nada más que decir* —arranca el profe, que por supuesto sigue diciendo cosas—: *si el portal es estable la variación cuántico-temporal puede no cerrarse en un momento concreto y entonces os podréis ir cuando queráis.*

Tekendo se queda con la cara a cuadros:

—Esta vez sí que no he entendido nada...

—YO SÍ —contesta Inés—. Que como no nos demos prisa el portal se cerrará definitivamente y no podremos volver nunca a casa.

—*Incorrecto* —afirma el profesor, con gesto preocupado.

—Looool... —dice Tekendo—. Pues entonces no vamos a perder más tiempo. Solo hay una solución: tenemos que arrebatar el control del portal a Insanus. Y ya de paso vamos a salvar este mundo.

—¿SOLO ESO? —pregunta Jorge, irónico.

—¡Moooola! ¡Aventura! —exclama David.

—¡A mí también me mola! —dice Marcelo—. Va a aprender ese Insanus a meterme en jaulitas eléctricas...

—¿Estás seguro? —pregunta Inés, ojiplática, a su hermano.

—Bueno, tampoco tenemos muchas más opciones, ¿no?

—Ya sé que no me vais a hacer caso —interviene Jorge—, pero os habéis fijado en que somos muy pocos, ¿no?

—*Yo no puedo conseguir ayuda* —dice entonces Tinta—. *Aquí todo el mundo quiere a Insanus y sus maravillosos inventos.*

—Estupendo, profesor. —Tekendo sonríe, entendiendo al revés todo lo que ha dicho Tinta—. Pues vamos a buscar a esa gente que está harta de Insanus y a acabar con sus inventos desastrosos. Pero rápido: no hay tiempo que perder.

CAPÍTULO 12

LA REBELIÓN... AL REVÉS

—Bueno, profesor, ¿y quién es toda esa gente que se va a unir a nosotros? —pregunta Tekendo—. Espero que sean tipos duros, dispuestos a todo, valientes que no tengan miedo a los secuaces de Insanus y...

—*No son mis compañeros científicos* —contesta el profesor, parando el arrebato momentáneo de entusiasmo de nuestro amigo.

—Oh my God... ¿Los científicos? No son exactamente marines, ¿verdad?

—**¡PERO QUIEREN MUCHO A INSANUS!**

—es la respuesta de Tinta.

—Eso me da esperanzas. —Tekendo sonríe.

—Tampoco tenemos para elegir —dice Inés—. Mejor eso que nada.

—¡Claro que sí! —exclama Tekendo, más animado por el espíritu combativo de su hermana—. ¡Equipo Tekendo...!

—¡Podemos hacerlo! —responden Inés, David, Jorge, Marcelo y el profesor.

(Bueno, en realidad el profesor dice: «*No podemos hacerlo*», pero ya le entendemos, ¿no?).

—**ESTUPENDO.** Solo falta una cosa —dice Tekendo—. ¿Dónde están esos científicos tan valientes?

—*Ah, será muy fácil unirse a ellos* —contesta el profesor Tinta, muy serio—. *Inseguramente el doctor Insanus los habrá dejado libres.*

—Eso ha sonado fatal —dice Jorge.

—**ESTÁ CLARO** —traduce Inés—: el doctor los tiene prisioneros y nos va a costar un montón liberarlos.

—Y solo puede tenerlos a todos juntos en un sitio —interviene Marcelo—. En el salón de actos. Es la sala más grande de este edificio.

El profesor Tinta asiente a lo que dice Marcelo. La cosa pinta fea, pero el tiempo juega en contra de nuestros amigos, por lo que se ponen en marcha de inmediato sin un plan definido. Tekendo confía en que se le ocurrirá algo por el camino... o cuando llegue la ocasión. A fin de cuentas hasta ahora no les ha ido tan mal... dentro de lo que cabe. El camino es largo porque van dando rodeos por salas y pasillos secundarios, intentando evitar a toda costa nuevos encuentros con los secuaces del doctor. En especial con el sargen-

ON
OF

to Lechuga, que ya está resultando un poco pesado, el tío. Mientras llegan, Marcelo aclara algunas dudas del Equipo Tekendo.

—Todo empezó cuando Insanus anunció al mundo hace un año que había inventado una máquina que haría más inteligentes a todos. Parecía una buena idea, un hallazgo así mejoraría mucho la sociedad, ¿no? Sin embargo, las cosas salieron mal. La máquina funciona emitiendo un campo energético que, según los planes, aumenta el rendimiento cerebral. El día elegido Insanus se puso a los mandos, se colocó el casco de control y accionó el interruptor principal de su invento...

—¿Y QUÉ PASÓ? —pregunta David, con curiosidad.

—Bueno, en realidad yo aún no existía —aclara Marcelo—, pero fue un absoluto desastre. Las ondas de la máquina se extendieron por todo el planeta y lo que hicieron fue... Ya lo habéis visto: confundir el habla de los paisanos. Pero no solo eso: Insanus, que hasta aquel momento había sido un buen tipo, se convirtió en un malvado.

—¡ESO! —exclama Tekendo—. Ahora que me acuerdo: ¿por qué Insanus no habla al revés, como el resto de su gente?

—ES EL EFECTO DEL CASCO DE CONTROL —continúa Marcelo, mientras el profesor asiente—: le protegió del cambio en el lenguaje pero no del todo: ¡la máquina cambió su forma de ser! Fue en ese momento cuando decidió convertirse en el amo del mundo. Transformó estos laboratorios en su fortaleza, contrató una guardia personal (ya los conocéis: son chicos persistentes, aunque tienen mala puntería) y empezó su proyecto de crear monstruos legendarios para dominar el mundo.

—Como tú. —David se ríe—. No eres muy monstruoso.

—Y no soy solo yo: ha creado un montón de seres mitológicos. Lo que pasa es que ninguno es malvado: hadas, duendecillos, enanos de jardín, personajes de videojuegos japoneses...

—Está claro que como genio del mal es un chapuzas —dice Inés.

—NO, NO ES ESO —aclara Marcelo—. Es que con la confusión del habla no hay manera de hacer nada bien.

—Por eso es importante hablar correctamente —dice Tekendo—, porque si no la gente no se entiende. Chicos, debemos acabar con Insanus y ayudar en lo que podamos para resolver este drama absoluto. ¡Y deprisa!

Hablando de estas cosas llegan por fin al acceso al salón de actos. Tekendo echa un vistazo por una puerta lateral. Es una gran estancia llena de asientos y con un escenario como el de un teatro. Tekendo ve que, como había previsto Marcelo, los científicos están todos reunidos en el patio de butacas. Todos tienen la boca tapada con pañuelos o cinta adhesiva. Pero hay algo más: en el escenario, puestas en fila, hay montones de jaulas de diferentes tamaños. Y dentro están prisioneros un montón de pequeños seres: ilos compañeros de Marcelo, los «monstruos» fallidos de Insanus!

—Están todos ahí —dice Tekendo a sus compañeros—. También los seres mitológicos.

—*Por supuesto que no* —dice el profesor—. *No los tiene de rehenes.*

—**SUPONGO...** —responde Tekendo—. Aunque presiento algo raro... No sé...

—Vamos a salvar a esta gente —dice David, cortando la reflexión de Tekendo y entrando el primero en el salón de actos.

Es un gran espacio con una decoración ultramoderna. Las paredes son metálicas y el techo es una cúpula de cristal que deja ver el bosque que hay debajo... O bueno, «encima»... Tekendo y los demás avanzan con cautela, pero no parece haber peligro. Los científicos, al ver llegar al profesor Tinta y a los demás, comienzan a hacer gestos y a abrir mucho los ojos, pero como están amordazados no pueden decir nada.

Y aunque pudieran hablar tampoco serviría de mucho: Tekendo y los suyos corren a liberar a los prisioneros y el silencio que había reinado en el lugar se rompe de golpe en cuanto los científicos se ven libres. Sin ponerse de acuerdo, arrancan a hablar todos a la vez diciendo cosas, por supuesto, incomprensibles. El sonido de las voces resuena en las paredes de metal con un eco amenazador. Entonces Tekendo se da cuenta de qué es lo que le había parecido raro poco antes.

—**¡CLARO!** —exclama—. Tanto silencio... No tiene sentido que dejen aquí a esta gente sin vigilancia. Chicos, ¡estad alerta!

—¡Ja, ja, ja! ¡Demasiado tarde! —dice la voz del doctor Insanus—. Eres listo, Tekendo, pero esta vez no has reaccionado a tiempo.

—**¡HEMOS CAÍDO EN UNA TRAMPA!**

—¡Pues claro! Os estaba esperando. ¿Para qué os creéis que son las cámaras de vigilancia que hay por todas partes? Esto es una guarida maléfica, no un jardín de infancia.

—Ha sabido en todo momento dónde estábamos.

—Por supuesto —ríe Insanus —. Y ahora ha llegado el momento en el que os rendís de una vez y os sometéis a mis planes. Tú, Tekendo, vas a ser el capitán de mi escuadrilla de monstruos japoneses, ¡ja, ja, ja!

Mientras resuena la risotada del malvado, montones de secuaces aparecen en tropel por todas las puertas del salón. Ahora sí que no hay escapatoria posible. Tekendo y sus compañeros se disponen a luchar acompañados del profesor Tinta y los demás científicos. Están desarmados y en inferioridad numérica, pero no se rendirán por las buenas.

—¡Ja, ja, ja! ¿Vais a resistir? Genial, así será más divertido. ¡Adelante, guardias, reducid a esos rebeldes!

Los secuaces sacan sus armas de rayos y apuntan a nuestros amigos. Uno de ellos dispara el primero y, con la puntería habitual, falla el tiro, que pega en una pared metálica, rebota y alcanza a un guardia situado en otro punto del salón.

—Ese no me vio usando el espejito —se ríe Tekendo.

—**¿MI ESPEJO?** —pregunta Inés.

—Sí. Por cierto, aquí lo tienes... —dice Tekendo, sacándoselo del bolsillo.

—¡Idiotas, no disparéis aquí dentro! —ruge mientras tanto el doctor Insanus—. ¡Atacad en masa!

Como un solo hombre, los guardias vuelven a enfundar las pistolas de rayos y avanzan como rodillos hacia nuestros amigos. La situación es desesperada, todo parece perdido. Tekendo mira a un lado y a otro buscando una solución hasta que de pronto ve algo que le da una idea. Sin perder un segundo, se agacha y dice algo al oído de Marcelo. El unicornio sonríe, asiente y sale como un rayo hacia el escenario, donde están las jaulas.

¿QUÉ PLAN HABRÁ MAQUINADO TEKENDO?

CAPÍTULO 13

UNA BATALLA MITOLÓGICA

—La que se va a liar —exclama David.

—Correcto —afirma Jorge—. Y vamos a perder. Son como mil veces más que nosotros. Más o menos...

—Vamos, chicos, mantened el ánimo, que podemos...

—¿Hacerlo? —responde todo el equipo a la vez, pero con poco entusiasmo.

—Sí, eso...

A ver, no es para menos lo de preocuparse un poquito: toda la guardia de Insanus se ha reunido allí para cazar a nuestros amigos. Y aunque bajitos y cabezones, son un montón. Por muy torpes que sean, el Equipo Tekendo lo va a tener complicado para resistir semejante ataque. Es como uno de esos videojuegos en los que, de repente, te caen encima tantos enemigos a la vez que no puedes hacer nada.

Tekendo parece muy confiado. Demasiado tal vez. Los guardias se van acercando poco a poco a nuestros amigos, estrechando el círculo a su alrededor. Todos los buenos —es decir, el Equipo Tekendo y los científicos del profesor Tinta— se agolpan en el interior de ese cerco del que no hay escapatoria. ¿Todos?

No: falta Marcelo, que se ha situado cerca de las jaulas de los seres mitológicos, como le pidió Tekendo. Es tan pequeñito que ni se dan cuenta. Insanus sonríe maliciosamente, seguro de su victoria. Y el sargento Lechuga dirige a los guardias pensando en su próximo ascenso. Aunque en realidad ya es el jefazo de los secuaces, así que va a ser difícil ascender. Pero seguro que le dan una medalla o algo así...

La tensión crece por momentos. Y cuando nuestros amigos ya tienen casi encima la horda de secuaces, Tekendo mira a Marcelo y exclama:

—¡AHORA!

Marcelo, según habían acordado en voz baja poco antes, tira de la palanca que abre las jaulas y en un segundo el escenario empieza a llenarse de pequeños seres fantásticos que escapan de su prisión. Hay de todo: hadas que vuelan nerviosamente con sus alitas, duendes vestidos de color verde y con sombreros puntiagudos, pequeños angelotes estilo Cupido, animalillos peludos que parecen bolitas saltarinas y, por todas partes, personajes de videojuegos muy antiguos. Está claro que el doctor Insanus ha visto demasiadas pelis japonesas. La multitud de pequeños seres se derrama por el escenario y luego baja hacia el patio de butacas, dirigiéndose a toda velocidad hacia los guardias.

La multitud de pequeños seres se derrama por el escenario y luego baja hacia

el patio de butacas, dirigiéndose a toda velocidad hacia los guardias.

—¡TEKENDO, no hay duda de que eres un muchacho insistente! —ruge Insanus—. ¡Y me gusta! Serás un monstruo mitológico genial cuando trabajes para mí. Pero ahora... ¡toda resistencia es inútil!

—**Sí,** puede ser —dice Tekendo—. Ya me dice mi madre que tengo la cabeza muy dura, pero de inútil nada... Porque todavía no nos tienes. ¡Vamos, chicos, a por ellos!

Tekendo da la orden sin dirigirse a nadie en concreto, pero el efecto práctico es lo que importa. Inés, Jorge y David se abren paso entre los guardias para capturar directamente a Insanus. Los secuaces, sorprendidos, ruedan a un lado y a otro, aunque pronto cierran la brecha porque son un montonazo. Insanus ha temido por su integridad durante un momento, pero ahora ríe de nuevo.

—¡JA, JA, JA! ¡No podréis conmigo!

Tal vez el malvado se esté riendo antes de tiempo, porque su imperio se tambalea incluso antes de haber empezado. Los científicos, tan cobardicas hasta hace poco, han cambiado de actitud. Encabezados por el profesor Tinta, se han hartado de las maldades de Insanus y atacan también a los guardias. Y aunque son menos, como actúan con más decisión también logran crear dificultades a los malos. Y estos ya no van a recibir más refuerzos para controlar la situación. Insanus, desde la distancia, vuelve a reír, pero esta vez con menos seguridad en sí mismo.

Y es que de pronto se abre el tercer frente del plan de Tekendo: Marcelo, encabezando a sus pequeños amigos mitológicos, se lanza al ataque sobre los guardias. ¡Y es como una marea que envuelve a los malvados por todas partes! La escena es asombrosa. Hadas aleteando delante de los ojos de los guardias, impidiéndoles ver con claridad; enanos agarrándose a las piernas de otros secuaces, que tropiezan y apenas pueden moverse; las bolillas peludas

GROOAFS!
¡FLAP! ¡FLAP! ¡FLAP!

¡POWN!

haciendo cosquillas a Lechuga y a sus hombres. En unos pocos segundos cada secuaz de Insanus se las tiene que ver con un montón de problemas mientras Tekendo y sus amigos se abren paso poco a poco hacia el doctor, que empieza a darse cuenta de que las cosas no van a ser tan fáciles como esperaba. De hecho está desesperado:

—¡A LA PORRA! —grita Insanus—. ¡Sacad vuestras armas de rayos y disparad a diestro y siniestro!

Lechuga es el único que saca su pistola de rayos. Los demás guardias desobedecen, porque no quieren recibir el impacto accidental de un rayo cosquilloso. De todas formas, Lechuga no tiene oportunidad de disparar ni una sola vez: un enano de jardín le quita el arma y le da con ella en la cabeza.

—*¡Oye! ¡Que eso no hace daño!* —exclama el pobre sargento.

—¡Madre mía, qué inútiles sois! —grita Insanus.

La batalla es épica. Hay enfrentamientos, empujones y hasta tirones de pelo por todas partes. Si no fuera porque está en juego el bienestar de un planeta entero y la libertad de nuestros amigos, parecería una escena cómica... si tenemos en cuenta las pintas de los dos «ejércitos»: personajillos mitológicos, niños pequeños, extraterrestres con la cabeza gigante...

Los malos, poco a poco, van cediendo terreno, pero no obstante resisten. Siguen siendo muchos y no está claro que Tekendo y su gente vayan a ganar con la rapidez necesaria. Y es que, recordemos, hay otro problema importante:

—¡Tekendo! Esto está durando mucho —se alarma Inés—. Si no acabamos rápido, el portal se cerrará y nos tendremos que quedar aquí para siempre.

—Tranquila. Ahora viene lo mejor de mi plan... —contesta Tekendo con una sonrisa misteriosa.

Ha esperado a que cada agente tenga al menos a uno de los pequeños seres mitológicos estorbándole. Y justo en ese momento Tekendo da la orden final:

—¡MARCELO, al ataque!

El aludido hace un gesto a sus compañeros y estos llevan a cabo el plan que les había explicado unos minutos antes, mientras los sacaba de las jaulas. Se trata de un plan simple pero eficaz para acabar con el «ejército» de Insanus de un solo golpe. Y va a ser un buen golpe, seguro...

Los pequeños seres se agarran a las zapatillas de los guardias y les sueltan los cierres. Todos a la vez. Durante un segundo los guardias permanecen quietos, sorprendidos por la maniobra, pero ya es demasiado tarde para reaccionar: notan la gravedad tirando de ellos hacia «arriba» (a estas alturas ya se entiende, ¿no?). Luego sienten que sus pies se escurren poco a poco de las zapatillas que les mantienen sujetos al piso. Y por último, como fruta madura, van cayendo uno tras otro sobre la cúpula que cubre el salón de actos.

Ninguno sufre heridas graves, pero todos van rodando como pelotas hacia el centro de la estructura de cristal, estorbándose unos a otros e incapaces de volver al «suelo».

Lechuga es el último en resistir. Agarrándose a Tekendo, intenta no caer, pero es inevitable. Un segundo después «vuela» hacia sus compañeros y cae sobre ellos como la guinda de un pastel de malvados. Ni un solo guardia ha conseguido mantenerse sobre los pies. La batalla ha terminado, los buenos dominan la situación e Insanus se ha quedado solo. Y no tiene a dónde huir: los científicos bloquean todas las salidas, incluso las secretas (porque se las conocen), mientras que Tekendo se acerca al genio maléfico que ha intentado dominar aquel extraño mundo.

—Doctor Insanus —le dice Tekendo—, se acabó. Ríndase.

—¡Jamás! —le responde el doctor, aunque no lo hace muy convencido, visto el panorama.

—Espera, que yo me ocupo —dice entonces David.

El pequeño aventurero del equipo se acerca corriendo al doctor Insanus y se pone a hacerle cosquillas. No hacen falta pistolas de rayos para eso.

—Esto por querer convertirme en monstruo —dice David.

—¡JA, JA, JA! ¡Vale, vale, me rindoooo!

Al fin acabó la lucha. Los buenos gritan de alegría y se abrazan unos a otros. Los seres mitológicos están libres finalmente y el profesor Tinta y sus científicos se preparan para intentar salvar su mundo del desastre al que les han llevado las malas ideas del doctor Insanus. ¿Y el Equipo Tekendo? Pues contento con el resultado, pero con prisa por volver al portal interdimensional.

¿Llegarán a tiempo de cruzarlo de nuevo en dirección a la Tierra?

CAPÍTULO 14

¿NO SE OS HABÍA OCURRIDO?

La noticia de la victoria sobre el doctor Insanus corre a toda velocidad, porque en el mundo paralelo también hay teléfonos móviles, Internet y todas esas cosas. Así que apenas unos pocos minutos después de la «batalla», una multitud se agolpa a las puertas de la guardia-fortaleza del malvado científico derrocado. Y la gente se sorprende mucho de saber que han sido unos extranjeros de raro aspecto los principales protagonistas. ¡Unos extranjeros muy extranjeros, porque han venido de otro mundo! Bueno, al principio cuesta un poco explicar esto, porque el primer anuncio lo hace el profesor Tinta y... Mejor veamos un trocito de su discurso a la multitud:

—¡Enemigos míos! ¡El doctor Insanus no ha sido derrocado! Tras una serie de aventuras irrelevantes y una lucha cobarde digna de una panda de inútiles, ¡no hemos conseguido nada!

Lo dice así, como con tono triunfal, y claro, la gente que escucha su parrafada, tanto en directo, frente a la fortaleza, como por televisión, no entiende ni papa. Tekendo interviene entonces para evitar que la cosa se complique más de la cuenta.

—Déjeme, profe, yo lo explicaré brevemente.

Así lo hace nuestro amigo y ahora sí, la cosa funciona. Porque los nativos hablan al revés, pero ya hemos visto que entienden al derecho, y eso es lo ha causado tantos líos. Cuando Tekendo acaba de hablar, la gente pilla la historia y lanza gritos de alegría... siempre con su confusa manera de hablar:

—¡ABAJO LOS EXTRANJEROS! ¡VIVA INSANUS!

Ya sabemos que en realidad quieren decir lo contrario, como queda claro al ver sus expresivos gestos de alegría. Librarse de Insanus, que con sus deseos de dominio lo ha complicado todo, es el primer paso para restablecer el orden en aquel mundo. Aunque quedan muchos problemas por resolver.

En el interior de la guarida, mientras tanto, los acontecimientos se suceden a toda velocidad. Los guardias del doctor Insanus son desarmados y expulsados a la calle mientras el profesor Tinta procura poner orden en todo el follón que ha causado la ambición de Insanus tras ser transformado en malvado por sus propios inventos.

El doctor, por cierto, es puesto a buen recaudo mientras se inventa algo para intentar recuperar su antigua manera de ser: bondadosa... aunque fuera un científico un poco chapucero. Al Equipo Tekendo le encantaría quedarse a ver cómo lo van a arreglar todo, incluso tener ocasión de visitar aquel planeta con más detalle, pues, aparte de las aventuras vividas, les parece un mundo muy agradable y la gente, salvo Insanus y sus secuaces, ha sido muy amable.

Sin embargo, no hay tiempo para hacer turismo. Tekendo, Inés, Jorge y David tienen que volver cuanto antes al lugar donde se abre el portal interdimensional, la famosa espiral loca de colores. Si se cierra antes de que puedan cruzar de nuevo el paso, resultará imposible regresar a la Tierra. Se puede uno imaginar la preocupación que sienten nuestros amigos al pensar en esta posibilidad.

—Venga, hay que darse prisa —anima Tekendo a sus compañeros.

—Podríamos ir en moto voladora —insinúa David.

—¡Por supuesto que no! —asiente el profesor—. *No vengáis por aquí* —añade, señalando un ancho corredor—. *¡Vamos, despacio!*

Lo que les indica es el camino hacia un hangar donde se guardan varias motos voladoras de las que utilizaban los guardias del doctor Insanus. Por suerte no es un camino largo, lo que anima mucho al Equipo Tekendo: en cuestión de minutos estarán de nuevo en el portal y, poco después, en casa. Ya iba siendo hora.

Están a punto de llegar al hangar cuando las #Tekendogafas se activan de nuevo. Como de costumbre se ponen primero rojas, luego pasan al color naranja, luego al amarillo y a continuación a un verde cada vez más intenso justo al pasar frente a una gran puerta. Todos se dan cuenta de lo que pasa y Tekendo no tiene más remedio que hacer la pregunta inevitable:

—¿Qué hay tras esa puerta, profesor?

—La máquina que pone el lenguaje del derecho no, desde luego.

—Quiere decir que ahí está la máquina de Insanus que hizo que todo el mundo se pusiera a hablar al revés —aclara Marcelo.

—Ya, ya... Lo había entendido. —Tekendo se frota los ojos, como pensando muy profundamente.

—¡Tekendo, debemos irnos cuanto antes! —le dice Inés, metiéndole prisa.

—Sí, sí, un momento... Es que de repente se me ha ocurrido una cosa. ¿Alguien puede recordarme cómo funcionaba la dichosa máquina?

—Genera un campo de fuerza que influye sobre los cerebros —dice Jorge, que había escuchado muy atento la explicación.

—Vale —responde entonces Tekendo—. ¿Y la máquina esa... sigue encendida?

—*No* —responde el profesor.

—¡Lol! —exclama Tekendo, entendiendo que le ha dicho que sí—. ¡¿Y a nadie se le ha ocurrido apagarla?!

Se hace un silencio tremendo. El profesor Tinta y algunos de sus colegas científicos, que acompañan a nuestros amigos, se miran entre sí poniendo caras raras. Más que raras... rojas. Se están poniendo colorados de la vergüenza.

—Se nos había ocurrido a todos —es la respuesta de Tinta, que encoge los hombros—. *Me parece un plan fatal.*

—O sea, que nadie lo había pensado, pero le parece buena idea. —Tekendo sonríe—. ¡Pues venga, que alguien entre ahí y la apague!

PRET...
PET...
PET...
PRRTTPPTT...PET
STOP

El propio Tinta es el que entra en la sala. Se acerca a la máquina, que tiene un gran botón rojo en su panel central y, sin más ceremonias, lo aprieta con todas sus fuerzas. La máquina hace un ruidito y, de pronto, todas sus lucecitas se apagan de golpe. El profesor vuelve entonces con sus amigos. Todos permanecen callados, mirándose unos a otros.

—Genial, pero... que alguien diga algo, ¿no? —habla Tekendo—. Profesor, ¿qué le parece ahora mi idea?

—¡Fantástica, muchacho! —exclama el profesor, hablando por fin al derecho—. ¡Has salvado a nuestro mundo!

Y de pronto el profesor Tinta da un fuerte abrazo a Tekendo.

—Vaya... Gracias, profe. Pero ahora sí que tenemos que irnos de aquí sin perder un minuto más.

De inmediato llegan todos al hangar. Inés y Jorge montan en una moto mientras Tekendo y David se suben a otra. No iban a cometer de nuevo el error de sobrecargarlas, como cuando entraron en la ciudad. ¿O sí?

—¿PUEDO IR CON VOSOTROS?

—pregunta Marcelo.

—Pero... ¿lo has pensado bien? —le dice Tekendo, sorprendido—. Si te vienes, no estamos seguros de que puedas volver aquí. El portal, al parecer, es imprevisible.

—Es que me habéis caído genial y me gustaría vivir más aventuras con vosotros.

—Pues... Por mí perfecto. ¡Me encantaría que te unieras al equipo!

—¿Estás seguro, Tekendo? —pregunta Jorge.

—Claro que sí, que se venga.

—Además, es monísimo —dice Inés.

—MOLA —añade David.

—Vale, pero a ver cómo lo explicamos cuando lleguemos —termina Jorge, que en realidad está encantado con la posibilidad de que su nuevo amigo se quede con ellos.

—Bueno, ya pensaremos algo. Ahora... ¡En marcha!

Tekendo enciende su moto voladora e Inés hace lo mismo con la suya. Tras despedirse del profesor y los demás, en pocos instantes llegan al claro donde, por suerte, todavía brilla la espiral del misterioso acceso que comunica los dos mundos. Tras aterrizar, los cinco corren hacia allí sin perder un segundo.

—¡Rápido, está haciéndose más pequeño! —indica Jorge.

—No te preocupes por eso. —Tekendo sonríe, viendo que tienen tiempo de sobra para llegar—. A mí me preocupa otra cosa.

—¿EL QUÉ? —pregunta Inés.

—Que mamá estará muy preocupada por nosotros: hace horas que nos llamó para comer.

Dicho esto, se lanzan uno a uno dentro de la espiral interdimensional y emprenden el camino de vuelta. Desde el mundo al revés, el profesor Tinta y sus compañeros pueden ver cómo unos segundos más tarde la espiral se encoge hasta desaparecer del todo. Sienten algo de pena por perder de vista a sus nuevos amigos, pero no piensan mucho más en eso: ahora deben poner en orden su mundo.

Y en cuanto al Equipo Tekendo..., ¿qué les va a pasar cuando vuelvan a casa tan tarde y sin una explicación creíble? Van a tener que pensar una buena excusa.

CAPÍTULO 15

DE VUELTA A CASA

La espiral entre los mundos paralelos se encoge de forma amenazadora con nuestros amigos dentro. Los colores son alucinantes, como a la ida, aunque ahora da la sensación de que todo gira en sentido contrario. Ninguno de los miembros del Equipo Tekendo, incluido su fichaje más reciente, el unicornio Marcelo, podrá decir nunca cuánto dura el viaje, pues el tiempo parece detenerse en el interior del túnel.

Pero todo tiene un final, incluso los pasajes interdimensionales misteriosos. Nuestros amigos pueden observar desde el interior cómo se va acercando la salida. ¡Por fin! Al otro lado brilla el sol y se vislumbra, cada vez con más claridad, el jardín de la casa de Tekendo. Uno a uno, haciendo al salir un sonido como de «plop, plop», van cayendo sobre la hierba, junto a la piscina de Orbeez. Inés, Da-

vid, Marcelo, Jorge y por último Tekendo ruedan por el suelo como si fueran croquetas. Si hubiera habido algún testigo de su llegada (pero no lo hay), le habría dado la sensación de que los protagonistas de esta sorprendente aventura han surgido de la nada. En cuanto a la misteriosa espiral, apenas regresan todos, da un par de vueltas más en el aire y se apaga de golpe.

—¿ESTÁIS TODOS BIEN?
—pregunta Tekendo.

—Correcto —dice Jorge.

—Y yo también —informa Inés—. Un poco despeinada.

—¡Menuda aventura! —exclama David.

—Así que era verdad —empieza a decir Marcelo mirando alrededor con los ojos muy abiertos.

—¿El qué? —pregunta Tekendo.

—¡Que en vuestro mundo está todo al revés!

—No empecemos con eso —le responde Tekendo—. Creí que ya había quedado claro en el otro mundo que...

—¿Qué va a quedar claro? —Inés se ríe—. Aquel mundo no había quien lo entendiera. No te preocupes, Marcelo, pronto te acostumbrarás.

—Eso seguro. —El unicornio sonríe—. ¿Qué hay de comer?

—¡Oh my God! —exclama Tekendo—. La comida... ¿Cómo vamos a explicar todo el tiempo que llevamos fuera? No podemos contar lo que nos ha pasado...

—Bueno, tampoco se lo iba a creer nadie —contesta Inés.

—También tendremos que explicar de dónde hemos sacado un unicornio —añade Jorge, con su lógica habitual.

—¡Eso es fácil! —exclama David—. Diremos que es un robot.

Todos se ríen con la ocurrencia. Pero no es mala idea: sería muy complicado explicar la presencia de un animalillo mitológico como un unicornio en nuestro planeta. Más que nada porque los unicornios no existen, ¿no?... Pero si todo el mundo piensa que es una especie de robot mecánico, como de juguete... Un robot muy guapo, eso sí.

—Vale... Pues a ver qué le decimos a mam...

—¡VENGA, CHICOS, A COMER! —exclama la madre de Tekendo, como si tal cosa.

—¿A comer? —se extraña Tekendo—. Pero si... No puede ser...

Tekendo mira a su alrededor. La piscina de Orbeez sigue tal cual la dejaron, llena de bolitas de colores. Y el sol está a la misma altura que cuando se metieron en el pasadizo interdimensional... Pero en realidad ¡debería ser ya de noche! Sin embargo, no es así, todo parece encontrarse tal cual estaba.

—Esto es muy raro, ¿no? —pregunta Tekendo—. Es como si no hubiera pasado el tiempo.

—¡Pues claro! —exclama Jorge—. Hemos vivido una distorsión del espacio-tiempo.

—¿QUÉ? —pregunta David, con los ojos como platos.

—Pues que, según Einstein, el tiempo...

—Vale, vale, ya lo hablamos luego —le corta Inés la explicación, con una sonrisa—. Lo que quieres decir es que aunque hemos estado horas y horas en el otro mundo...

—Aquí no ha pasado ni un minuto. —Tekendo también sonríe—. Pues genial. Venga, a comer. Que aquí no habrá pasado el tiempo, pero yo tengo un hambre de locos.

—¡Y yo! —exclaman todos a la vez.

Una vez reunido todo el grupo en el comedor, se sientan a la mesa. La madre de Tekendo no se extraña de ver a los chicos acompañados por un pequeño unicornio: ¡siempre están con sus inventos y sus cosas! La comida huele de maravilla y Tekendo está contento de no haber hecho esperar a su madre. No está nada mal el resultado, teniendo en cuenta que apenas unas horas antes un científico loco quería convertirlos a todos en monstruos japoneses. Pero las cosas han salido muy bien: el Equipo Tekendo salva un mundo de la catástrofe y la tiranía y, además, llega a tiempo a la mesa para comer. No es algo que pase todos los días.

En cuanto a la madre de Tekendo, quizá un unicornio no le llame la atención, pero sí que los chicos estén tan tranquilos y que hayan venido todos tan deprisa y al mismo tiempo. Tampoco es algo que ocurra a diario. «Estos chicos traman algo», se dice a sí misma.

—Es que no nos gusta hacerte esperar —contesta Tekendo con una sonrisa de oreja a oreja.

La madre sonríe sabiendo que algo pasa y no lo cuentan, pero lo importante es que han sido muy obedientes y han llegado todos a tiempo.

Inés y los demás se ríen sin hacer ruido. Y bajo la mesa el «robot» Marcelo come de lo que le va pasando David. El Equipo Tekendo ha terminado con éxito una gran aventura, pero ahora todo ha acabado y las cosas vuelven a la normalidad. El portal se

ha cerrado para siempre y, por desgracia, ya nunca podrán volver a cruzarlo para visitar otros mundos. ¿O no es así?

Esa tarde, mientras el equipo se prepara para la grabación de un nuevo experimento en el jardín, Jorge empieza a desmontar su invento, el rayo láser que cambiaba de color los Orbeez y que interfirió con el portal creado por Insanus. Al mover el cacharro, lo pone en marcha sin querer y el láser se dispara.

Para sorpresa de todos, una espiral luminosa se abre en mitad del aire. Solo es visible por un lado, como la primera. Tekendo alucina y no es el único. Jorge, siempre con su mentalidad científica, mantiene la calma y hace un pequeño experimento: apaga el láser y la espiral desaparece. Lo vuelve a encender y de inmediato se forma otra espiral, ahora de un color distinto.

—¡Loooooool! —exclama Tekendo—. Tenemos el control del portal entre dimensiones.

—¿Cómo es posible? —pregunta Inés.

—Ni idea —responde Jorge, con los ojos muy abiertos y alucinado. No es habitual que no tenga respuesta a un problema científico, pero esto es demasiado.

—Debe de ser la interferencia del láser con el portal que creó el doctor Insanus —empieza a decir Marcelo—. De alguna manera tu aparato de rayos sirve para controlarlo.

—Pero entonces... —empieza a decir Jorge.

—... podemos seguir viajando entre los mundos —sonríe Tekendo.

Los cinco se quedan mirando la espiral que flota en el aire, alucinados, mirándose unos a otros. Y es David el que, con una sencilla exclamación, expresa lo que sienten todos.

—¡¡¡VAMOS!!! ¡¡¡MÁS AVENTURAAAASSS!!!

¿Qué extraño mundo se abrirá ahora al otro lado del portal? Si queremos saberlo, no habrá más remedio que atravesar de nuevo la espiral. Pero esto lo veremos en la próxima aventura del Equipo Tekendo...

FIN